中等职业教育新能源汽车专业系列教材

新能源汽车
电学基础与高压安全

XINNENGYUAN QICHE

DIANXUE JICHU YU GAOYA ANQUAN

主　编　林敏祥　洪靖茹
副主编　林伟平　李天霖　谢　露　孙　龙

西安交通大学出版社
XI'AN JIAOTONG UNIVERSITY PRESS

图书在版编目(CIP)数据

新能源汽车电学基础与高压安全 / 林敏祥, 洪靖茹主编. — 西安: 西安交通大学出版社, 2023.10
中等职业教育新能源汽车专业系列教材
ISBN 978-7-5693-3418-0

Ⅰ. ①新… Ⅱ. ①林… ②洪… Ⅲ. ①新能源—汽车—电气设备—中等专业学校—教材 Ⅳ. ①U469.703

中国国家版本馆CIP数据核字(2023)第170563号

书　　名	新能源汽车电学基础与高压安全 XINNENGYUAN QICHE DIANXUE JICHU YU GAOYA ANQUAN
主　　编	林敏祥　洪靖茹
策划编辑	曹　昳
责任编辑	张　欣　刘艺飞
责任校对	李　文
封面设计	任加盟
出版发行	西安交通大学出版社 (西安市兴庆南路1号　邮政编码710048)
网　　址	http://www.xjtupress.com
电　　话	(029)82668357　82667874(市场营销中心) (029)82668315(总编办)
传　　真	(029)82668280
印　　刷	西安五星印刷有限公司
开　　本	787 mm×1092 mm　1/16　印张 11.125　字数 240千字
版次印次	2023年10月第1版　2023年10月第1次印刷
书　　号	ISBN 978-7-5693-3418-0
定　　价	48.00元

如发现印装质量问题，请与本社市场营销中心联系。
订购热线：(029)82665248　(029)82667874
投稿热线：(029)82668804

版权所有　侵权必究

前言

从 2001 年起，国家陆续出台了一系列有关新能源汽车的战略规划和政策指导，我国新能源汽车行业已经历了二十年的创新转型工程。据统计，2022 年我国新能源汽车产量为 705.82 万辆，同比增长 96.9%，新能源汽车销量 688.7 万辆，同比增长 93.4%，渗透率达到 25.6%，提前完成了《新能源汽车产业发展规划（2021—2035 年）》中设置的 2025 年阶段性目标。进入 21 世纪，发展新能源汽车已经成为世界众多国家、主要汽车制造商应对能源和环境挑战的战略重点，世界新能源汽车产业已进入全面升级时期。

汽车产业是制造业的典型代表，是体现国家制造业实现创新驱动、转型升级、由大变强的标志性领域之一。党中央、国务院历来高度重视汽车产业发展。习近平总书记强调："发展新能源汽车是我国从汽车大国迈向汽车强国的必由之路。"

与传统汽车不同，新能源汽车涉及其他领域的技术，尤其是高压电气系统，与传统汽车区别很大，维修作业过程中也有很大的区别，高压安全操作尤为重要。本书基于现阶段国内主流的北汽新能源、比亚迪等新能源汽车车型展开介绍相关知识点。全书包括 6 个项目、15 个工作任务，主要介绍了高压作业安全规范、高压电应急处理与急救、高压作业安全防护、新能源汽车高压安全、新能源汽车的日常使用及维护、新能源汽车高压安全检测的内容，其中采用了大量的实物图。本书可作为职业院校新能源汽车相关专业的教学用书，也可作为汽车维修专业培训用书和相关技术人员的参考书，适用于职业院校新能源汽车专业维修作业中高压安全防护的教学与学习。在本教材的组织与安排上，体现出以下特点：

(1) 形态新颖，个性定制。本教材采用任务引领式，方便教师模块化教学，灵活安排学习内容，调整学习进度。同时，创设相应情景，更加利于学生学习与思考，师生有效互动，共研个性化的学习资料。

(2) 实用当先，内容科学。本教材遵循"能力本位，实用当先"的原则，结合当前新能源汽车使用和维修过程中的实际情况，将时下热点话题融入其中，让学生更有代入感，知识应用时也更有方向性。

(3) 资源立体，形象生动。本教材配备了生动、形象的图片资源，在课程的内容设计上，力求生动、有趣，让枯燥、抽象的概念、原理，变得立体。丰富了课堂表现形式，进而帮助教师进行课堂革命。

本教材由漳州高新职业技术学校林敏祥、洪靖茹担任主编；林伟平、李天霖、谢露、孙龙（企业）担任副主编。

本教材的编写过程中，参阅了大量文献，在此对各文献作者一并致谢！

由于编者水平有限，书中不足之处在所难免，敬请有关专家和读者批评指正。

编　者

2023.8

目 录

项目一　高压作业安全规范 ·· (1)
　　任务一　用电安全规范及标准 ·· (5)
　　任务二　车间高压作业安全要求 ··· (11)

项目二　高压电应急处理与急救 ··· (15)
　　任务一　高压电的认知与危害 ·· (19)
　　任务二　电气火灾应急处理 ··· (31)
　　任务三　触电急救处理——心肺复苏急救流程 ······························· (43)
　　任务四　触电急救处理——除颤仪的使用 ···································· (59)

项目三　高压作业安全防护 ··· (77)
　　任务一　高压个人防护用具的认知与使用 ····································· (81)
　　任务二　高压绝缘工具的认知与使用 ··· (91)

项目四　新能源汽车高压安全 ·· (103)
　　任务一　高压部件的识别 ··· (107)
　　任务二　高压安全设计 ·· (117)

项目五　新能源汽车的日常使用及维护 ······································· (125)
　　任务一　新能源汽车的使用 ··· (129)
　　任务二　新能源汽车的维护 ··· (139)

项目六　新能源汽车高压安全检测 ·· (147)
　　任务一　高压系统的断电和恢复 ··· (151)
　　任务二　高压互锁回路的检测 ·· (161)
　　任务三　高压系统的绝缘检测 ·· (167)

参考文献 ·· (172)

项目一
高压作业安全规范

项目描述

在新能源汽车当中，动力电池及相关线路的电压一般为高压电，这和传统能源汽车中只有低压电器设备是不同的，有的新能源汽车甚至有 600 V 或以上电压的电路，这给汽车技术人员的维修操作带来了许多操作挑战。高压电流对技术人员的生命安全的威胁通常是潜在的、不易察觉的。如果我们没有留意汽车制造商的安全警告，不遵守厂家要求的操作程序，不按照实训室安全管理规定操作，轻则会引起触电、电灼伤、化学灼伤，重则可能引发爆炸事故，导致人身伤害甚至死亡，"操作不规范，亲人两行泪"。

作为从事一线工作的维修人员，我们要严格遵守章程，做好安全准备工作，防患于未然，同时还要学会突发事件的应急处理方式。

学习目标

1. 知识目标

（1）能够简述车间高压作业安全要求。

（2）能够简述高压安全标准。

（3）能够陈述电力安全法规。

（4）能够简述高压操作人员职业资格。

2. 能力目标

（1）能够认清并识别不同的高压电安全标识。

（2）能够按照流程进行高压安全操作。

(3)能够按照流程进行新能源汽车维修操作前的工位布置。

3. 素养目标

(1)遵守法律法规,树立职业道德,树立正确的价值观。

(2)崇尚劳动精神,逐步提升服务社会的意识。

(3)弘扬工匠精神,塑造精益求精的品质。

(4)培养协同合作的团队精神,自觉维护组织纪律。

用电安全规范及标准

情境重现

某市汽车维修公司接到一辆吉利帝豪 EV450 轿车。车主发现仪表动力电池故障指示灯常亮。于是将车辆开至附近汽车维修公司进行检查。该汽车维修公司维修技师王某新入职不久，在对车辆维修时并未做好绝缘防护和断电保护，不慎被高压电击中，不幸身亡。

【想一想】作为汽车维修人员，如何通过遵守用电安全规范来避免新能源车辆维护保养过程中出现的安全事故？

知识导图

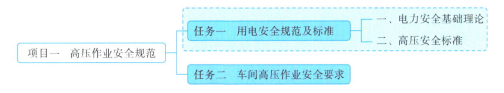

知识详解

一、电力安全基础理论

1. 基本法规

2021 年 6 月 10 日，十三届全国人民代表大会常务委员会第二十九次会议通过了《全国人民代表大会常务委员会关于修改〈中华人民共和国安全生产法〉的决定》，自 2021 年 9 月 1 日起施行。新法案中详细阐述了立法宗旨、理念、方针等。

作为汽车维修行业人员，应重点参照以下条款内容并据此严格执行相关操作，具体如下：

第三条　安全生产工作应当以人为本，坚持人民至上、生命至上，把保护人民生命安全摆在首位，树牢安全发展理念，坚持安全第一、预防为主、综合治理的方针，从源头上防范化解重大安全风险。

第五条　生产经营单位的主要负责人是本单位安全生产第一责任人，对本单位的安全生产工作全面负责。其他负责人对职责范围内的安全生产工作负责。

第五十四条　从业人员有权对本单位安全生产工作中存在的问题提出批评、检举、控告；有权拒绝违章指挥和强令冒险作业。生产经营单位不得因从业人员对本单位安全生产工作提出批评、检举、控告或者拒绝违章指挥、强令冒险作业而降低其工资、福利等待遇或者解除与其订立的劳动合同。

第五十五条　从业人员发现直接危及人身安全的紧急情况时，有权停止作业或者在采取可能的应急措施后撤离作业场所。生产经营单位不得因从业人员在前款紧急情况下停止作业或者采取紧急撤离措施而降低其工资、福利等待遇或者解除与其订立的劳动合同。

第五十六条　生产经营单位发生生产安全事故后，应当及时采取措施救治有关人员。因生产安全事故受到损害的从业人员，除依法享有工伤保险外，依照有关民事法律尚有获得赔偿的权利的，有权提出赔偿要求。

第五十七条　从业人员在作业过程中，应当严格落实岗位安全责任，遵守本单位的安全生产规章制度和操作规程，服从管理，正确佩戴和使用劳动防护用品。

第五十八条　从业人员应当接受安全生产教育和培训，掌握本职工作所需的安全生产知识，提高安全生产技能，增强事故预防和应急处理能力。

2. 电气安全法律法规和标准

作为汽车维修从业人员，应当遵守的相关电气法规和标准如下：

(1)《用电安全导则》(GB/T 13869—2017)；

(2)《电动汽车安全要求》(GB 18384—2020)；

(3)《纯电动汽车维护、检测、诊断技术规范》(JT/T 1344—2020)；

(4)《防止静电事故通用导则》(GB 12158—2006)。

3. 高压操作人员职业资格

从事电气工作的人员为特种作业人员，必须经过专门的安全技术培训和考核，取得低压电工操作证或中级以上电工职业资格等相关证书，如图 1-1-1 所示，或者参加企业指定的高压作业操作培训。其中新能源汽车维修人员必需的证件是特种作业操作证（低压电工证）。

| 特种作业操作证 | 电工进网作业许可证 | 职业技能证书 | 职业资格证书 |

图 1-1-1　相关资格证书

二、高压安全标准

1. 人体安全电压

我国国家标准规定的安全电压额定值共有五个等级：42 V、36 V、24 V、12 V 和 6 V，应根据作业场所状况等因素选用。安全电压，是指为了防止触电事故而由特定电源供电所采用的电压系列，是不致造成人身触电事故的电压。根据规定，安全电压为不高于 36 V，一般环境条件下允许持续接触的"安全特低电压"是 24 V，安全电流为 10 mA；在干燥而触电危险性较小的环境下，安全电压规定为 24 V；对于潮湿而触电危险性较大的环境（如金属容器、管道内施焊检修），安全电压规定为 12 V。

电击对人体的危害程度，主要取决于通过人体电流的大小和通电时间长短。电流强度越大，致命危险性越大；持续时间越长，死亡的可能性越大。能引起人感觉到的最小电流值称为感知电流，交流感知电流为 1 mA，直流感知电流为 5 mA；人触电后能自己摆脱的最大电流称为摆脱电流，交流摆脱电流为 10 mA，直流摆脱电流为 50 mA；在较短时间内危及生命的电流称为致命电流，致命电流为 50 mA。在有防止触电保护装置的情况下，人体允许通过的电流一般为 30 mA。

2. 电压安全级别

依据国家标准《电动汽车安全要求》（GB 18384—2020）中的人员触电防护要求，根据不同电压等级可能对人体产生的伤害和危险程度不同，在新能源汽车中，将电压按照类型和数值分为两个级别，见表 1-1-1。

表 1-1-1　电压等级

电压等级	最大工作电压 U/V	
	直流	交流
A	$0<U\leqslant 60$	$0<U\leqslant 30$
B	$60<U\leqslant 1500$	$30<U\leqslant 1000$

注：对于相互传导连接的 A 级电压电路和 B 级电压电路，当电路中直流带电部件的一极与电平台相连，且其他任一带电部分与这一极的最大电压值不大于 30 V（交流电）或不大于 60 V（直流电），则该传导连接电路不完全属于 B 级电压电路，只有以 B 级电压运行的部分才被认定为 B 级电压电路。

考虑到空气的湿度和人体在不同工作环境下的电阻，将车辆电压分为 A 级和 B 级。A 级是较为安全的电压等级，该电压下的维护人员不需要采取特殊防电保护。B 级电压对人体会产生伤害，被认为是高压，在 B 级电压下必须采取必要的防护设备对维护人员进行保护。

课程启迪

维修技师小郑是新能源汽车维护的班组长，他发现由于连日出现阴雨天气，新能源汽车维修车间的天花板出现了渗水现象，于是连忙让组员停止维修操作，将车辆移到干燥的区域，并向上级领导汇报了这一情况。

有的维修工表示他们其实也发现了渗水，但是觉得雨水没有落到车上，问题不大，说小郑是小题大做。领导知道了之后及时派人修好了天花板，表扬了小郑，并让员工们都参加安全学习。

【想一想】小郑是小题大做吗？汽车维修车间天花板的渗水现象存在什么安全隐患？

任务练习

一、选择题

1. 安全电压为不高于（　　）。
   A. 36 V 　　B. 24 V 　　C. 12 V 　　D. 6 V

2. 在较短时间内危及生命的电流称为致命电流，致命电流为（　　）。
   A. 30 mA 　　B. 50 mA 　　C. 10 mA 　　D. 5 mA

3. 新能源汽车维修人员必需的证件是（　　）。
   A. 特种作业操作证（高压电工证）　　B. 特种作业操作证（低压电工证）
   C. 高级工技能等级证　　D. 技师技能等级证

4. 《安全生产法》规定的安全生产管理方针是（　　）。
   A. 安全第一、预防为主、综合治理　　B. 安全生产人人有责
   C. 安全为了生产，生产必须安全　　D. 坚持安全发展

5. 依据《安全生产法》的规定，从业人员发现直接危及人身安全的紧急情况时，可以（　　）后撤离现场。
   A. 经安全管理人员同意　　B. 经单位负责人批准
   C. 经现场负责人同意　　D. 采取可能的应急措施

二、判断题

1. 电动汽车高压电配线的线皮标识颜色为黄色。（　　）
2. 应急管理部颁发的"特种作业操作证（低压电工证）"年满18周岁即可考取。（　　）
3. B级的电压等级中，该电压下的维护人员不需要采取特殊的防电保护。（　　）
4. 电力生产工作中，无论是设备安装还是运行操作和检修，必须使用相应的安全工器具。（　　）
5. A级是较为安全的电压等级。（　　）
6. 在直流中小于或等于60 V或者在规定的150 Hz频率下，低于25 V是B级电压等级。（　　）
7. 在有防止触电保护装置的情况下，人体允许通过的电流一般为5 mA。（　　）

车间高压作业安全要求

情境重现

2020年8月31日早上6点左右，位于杭州良渚街道的一家景仙汽修厂起火，火灾导致修理厂数十辆汽车几乎全被烧毁，经过消防认定，此次火灾的起火原因是位于一层的一辆新能源电动汽车动力电池故障，动力电池在无充电的状态下自燃。

【想一想】作为汽车维修人员，如何通过科学合理地布置新能源汽车维修车间场地与设施来避免新能源车辆维护保养过程中出现的安全事故？高压维修作业又应该注意哪些内容？

知识导图

知识详解

一、新能源汽车维修车间场地与设施要求

随着新能源电动汽车愈发普及，相应的维修需求也日益增多。新能源汽车维修车间的配置要求会比普通汽车维修车间要高。工作环境是否符合规定直接影响车间安全，因此设置新能源汽车专用的维修车间或维修场地，配备新能源汽车维修专用设施是非

常必要的。

（1）新能源汽车维修车间需设置专用的高压维修工位。高压维修车间的面积根据实际要求确定，并符合国家相关规定，该工位的设备采用特殊的颜色与其他工位进行区别。明亮的车间可以让新能源汽车维护人员更清楚地观察到周围的部件及物体，避免因为视线不好意外触碰到高压而发生事故，同时也有利于其他人员及时观察发现可能存在的安全隐患，维修车间的采光设计应注意光的方向性，避免对工位产生遮挡和不利的阴影。对于需要识别颜色的场所，应采用不改变自然光光色的采光材料。当天然光线不足时，应配置人工照明，人工照明光源应该选择接近天然光色温的光源，照度不足时应增加局部补充照明，补充照明不应产生有害眩光。

（2）高压维修工位应保持清洁、干燥、通风良好。清洁有序的环境是保证汽车维修质量的重要基础。保持高压维修工位的干燥是为了降低维护区域人员的触电风险。因为当湿度增加的时候，人体和空气的绝缘电阻就会增加，在相同的电压下，人体触电的风险也就增加了，因此保持高压车间的干燥是非常必要的。通风有利于排出在维护车辆期间产生的有害物，并且在发生触电事故的情况下，通风的环境能够更加有利于伤者呼吸到更多氧气。

（3）维修作业前应设置安全隔离警示。当工位上有高压车辆进行维修时，在工位周围必须布置有明显的警示标识，避免他人未经允许进入高电压工位而发生危险。高压警示标识包括在地面设置或在车辆上粘贴警示牌、在车顶放置高压警示标志、在工位周围布设警戒线和隔离带等。

（4）维修工位上必须配有防护用品。维修工位上必须配有绝缘手套、防护眼镜、安全帽、绝缘工具、绝缘垫等防护措施及工具。

（5）维修车间应避免无关人员靠近。在高压维修车间门口及高压维修工位周围应设置禁止入内标志，避免无关人员靠近，造成安全事故。

二、新能源汽车高压维修作业标准

1. 新能源汽车维修规范

在维修新能源汽车时，必须遵循高压安全操作规范和机动车维修操作规范。

（1）对于车辆维修过程中的高压配件必须立即标识明显的高压勿动警示，并禁止将带有高压电的部件设置在无人看管的环境下。

（2）高电压维修与维护过程中，维护人员禁止携带手表、金属笔等金属物品。

（3）严禁非专业人员对高压部件进行移除及安装。

（4）未经高压安全培训和未取得许可证的维修人员，不得允许对高压部件进行维修等操作。

（5）在车辆充电过程中，不允许对高压部件进行拆装、维修等工作。

（6）维修前必须进行高电压禁用操作。

(7)维修完毕后上电前,确认车辆无人操作。

(8)更换高压部件后,测量搭铁是否良好。

(9)电缆接口必须按照标准力矩拧紧。

(10)在执行车辆维修期间,必须同时有两名持有上岗证的人员进行工作,其中一名人员作为工作的监护人,工作职责为监督维修的全过程。如当发生触电事故时,监护人应该立即采取有效措施执行急救。

2. 新能源高压电禁用操作程序

拆解维修高电压系统前,必须首先执行高压禁用流程。

(1)移:移除车辆上所有外部电源,包括 12 V 蓄电池充电器。

(2)拔:拔出充电枪(仅针对插电式混合动力或电动车)。

(3)关:关闭点火开关,把钥匙放到安全区域。

(4)断:断开 12 V 蓄电池负极,并远离负极区域。

(5)取:取下 MSD(手动分离开关),放到安全区域。

(6)等:等待 5 分钟,以保证高压能量全部释放。

(7)查:佩戴个人安全防护设备,拆卸高压连接器,开始下一步的电压验证。

3. 新能源汽车作业十不准

(1)非持证电工不准装接电动汽车高压电气设备。

(2)任何人不准玩弄电气设备和开关。

(3)破损的电气设备应及时调换,不准使用绝缘损坏的电气设备。

(4)不准利用车身电源对电动汽车以外的用电设备供电。

(5)设备检修切断电源时,任何人不准启动挂有警告牌的电气设备,或合上拔去的熔断器。

(6)不准用水冲洗、擦拭电气设备。

(7)熔断丝熔断时,不准更换容量不符的熔丝。

(8)不经技术部门或主管部门审批,不准私自改动和加装。

(9)发现有人触电,应立即切断电源进行抢救,未脱离电源前不准直接接触触电者。

(10)雷雨天气,禁止室外对车辆充电和维修维护。

课程启迪

小勇和小伟被安排到同一个新能源汽车维修的工位上工作,小勇在担任监督维修工作的时候,觉得无聊,就玩起了手机。到了午饭时间,小勇没有告知小伟,就独自去食堂就餐。班组长发现了这一情况之后,严肃批评了小勇,并把他调离了工作岗位。

【想一想】组长为什么要批评小勇?小勇这样做可能造成什么样的后果?

任务练习

一、选择题

1. 新能源汽车维护必须设置（　　）名监护人员。
   A. 1　　　　　　B. 2　　　　　　C. 3　　　　　　D. 4

2. 维修人员操作前必须穿戴好绝缘防护用品，包括（　　）。
   A. 防护眼镜、近视眼睛
   B. 绝缘手套、防护眼镜、劳保手套
   C. 绝缘胶鞋、绝缘手套、防护眼镜
   D. 绝缘防护服、绝缘胶鞋、绝缘手套、防护眼镜

3. 在高压维修工位中的维修区域应垫上（　　）。
   A. 滑布　　　　B. 防尘布　　　　C. 绝缘胶垫　　　　D. 耐磨垫

4. 操作人员上岗时不得佩戴（　　）。
   A. 金属饰品　　B. 劳保手套　　　C. 绝缘手套　　　　D. 防护眼镜

二、判断题

1. 维修车辆时可以携带自动铅笔、刻度尺、手表等物品。（　　）
2. 在执行车辆维修期间，需要有1名持有上岗证的人员进行工作，1名普通人员作为监护人。（　　）
3. 新能源汽车维修完毕之后即可进行上电操作。（　　）
4. 新能源汽车维修前必须进行高压禁用操作。（　　）
5. 新能源汽车维修过程中严禁非专业人员对高压部件进行移除及安装。（　　）
6. 新能源汽车电缆接口需要用高于标准的力矩拧紧。（　　）
7. 在新能源汽车维修工位发现有人触电，应立即上前施救。（　　）
8. 不准用水冲洗、擦拭电气设备。（　　）

项目二
高压电应急处理与急救

项目描述

随着人类生活水平的提高,电在人类的日常生活中越来越重要,新能源汽车上也采用了带电设备。同时,电的应用过程中也伴随着危险。新能源汽车不但有 12 V 低压电器设备,还有高压电气系统,有些工作中的电压甚至能达到 600 V。

近年来,为缩短新能源汽车的充电时间,提高充电效率,改善使用过程中的里程焦虑,"超级快充"技术得到推广,支持 800 V 高电压架构的车型逐渐增多。但是,新能源汽车的高电压架构也必然带来更多的危险因素。在生产、安装、使用、维护的过程中,稍有不慎就会发生高压触电,甚至会有生命危险。

因此,认知新能源汽车高压电及危害,掌握电气火灾应急处理方法,提高触电急救处理能力,已成为新能源汽车维护人员必需的知识技能之一。

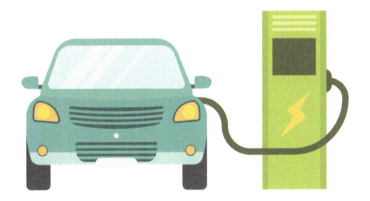

学习目标

1. 知识目标

(1)能够识记电的基本概念及定律。
(2)能够简述电气火灾的原因及风险。
(3)能够简述高压触电的伤害及方式。
(4)能够简述电除颤急救的原理及作用。

2. 能力目标

(1)能够认清并识别高压电标识。
(2)能够按照流程进行电气火灾应急操作。

（3）能够按照流程进行心肺复苏急救操作。

（4）能够按照流程进行电除颤操作。

3. 素养目标

（1）遵守职业道德，树立正确的价值观。

（2）崇尚劳动精神，逐步提升服务社会的意识。

（3）弘扬工匠精神，塑造精益求精的品质。

（4）培养协同合作的团队精神，自觉维护组织纪律。

高压电的认知与危害

情境重现

小张同学在一家新能源汽车4S店实习，今天店里接到了一辆故障的新能源电动车，电动车的高压供电出现问题。4S店里的维修师傅让小张试着维修这辆故障车，但小张对电的相关知识不熟悉，同时也担心高压电危害，感到非常着急却又无从下手。

【想一想】作为新能源汽车维修人员，如何提高新能源汽车高压电的认知能力？在维修过程中如何避免被高压电伤害的情况？

知识导图

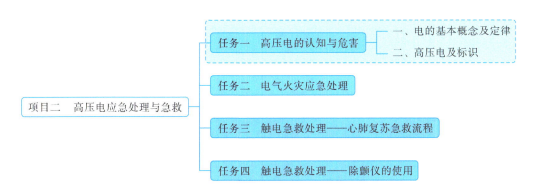

知识详解

一、电的基本概念及定律

电是一种能量，也是电子流动的表现形式，它被定义为"在某个力的作用下，通过某个导体的电子流"。

1. 电流

1）电流概念

日常生活中，如果摩擦一个物体，如塑料笔杆、玻璃棒，能够吸引轻小物体，就说明这些被摩擦过的物体带了电荷。而电荷的定向移动则形成了电流（electric current），如图2-1-1所示。导体中的电流可以是正电荷的定向移动，也可以是负电荷的定向移动，习惯上规定正电荷定向移动的方向为电流方向。需要明确的是，在金属导体中导电的是自由电子，它带负电，因此它的移动方向正好与规定的电流方向相反，如图2-1-2所示。

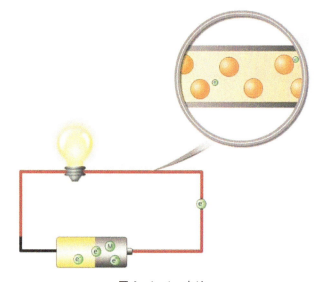

图2-1-1 电流

图2-1-2 电流方向

2）电流计算与单位

电流有强弱的不同，物理学中用通过导线横截面的电荷量 Q 与所用时间 t 的比值来描述电流的强弱。电流的单位是安培，简称安，符号为 A，用 I 代表，电荷 Q 的单位为库

[仑](C),时间 t 的单位为秒(s),电流的计算公式为

$$I = \frac{Q}{t}$$

电流的常用单位还有毫安(mA)、微安(μA)和千安(kA),它们的关系为

$$1 \text{ mA} = 10^{-3} \text{ A}$$
$$1 \mu\text{A} = 10^{-6} \text{ A}$$
$$1 \text{ kA} = 1000 \text{ A}$$

3)电流分类

电流可以分为直流电流和交流电流。

如果电流的大小和方向都不随时间变化,则称为直流电流(DC, direct current),用 I 表示,由爱迪生发明,如图 2-1-3 所示。

直流电一般被广泛应用于手电筒(干电池)、手机(锂电池)等各类生活小电器。干电池(1.5 V)、锂电池、蓄电池等被称为直流电源。因为这些电源电压都不会超过 24 V,所以属于安全电源。

如果电流的大小和方向都随时间变化,则称为交流电流(AC, alternating current),用 i 表示,由法拉第发明,如图 2-1-4 所示。

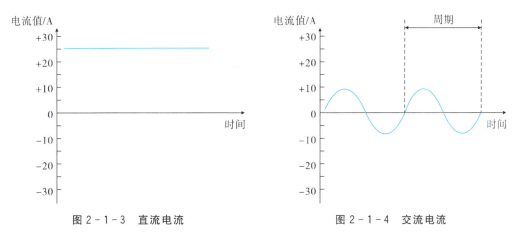

图 2-1-3 直流电流　　　　　　图 2-1-4 交流电流

交流电广泛应用于电力传输和零线火线等,生活民用电压 220 V、通用工业电压 380 V 都属于危险电压。交流电有频率,由于其符合正弦函数的数学特点,因此通常使用一个正弦波来表示一个循环。一个循环就是形成完整波形的过程。使用赫兹(Hz)来计量每秒的循环次数。通常电网接入供电的频率为 50 Hz 或 60 Hz,电压为 110 V 和 220 V。在中国通常以 220 V、50 Hz 交流电接入送电。

2. 电压

1)电压概念

电压,也称作电势差或电位差,是衡量单位电荷在静电场中由于电势不同所产生

的能量差的物理量，如图 2-1-5 所示。其大小等于单位正电荷因受电场力作用从 A 点移动到 B 点所做的功，电压的方向规定为由高电位指向低电位，即电位降低的方向。

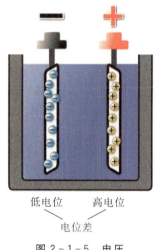

图 2-1-5　电压

2）电压计算与单位

电压有大小之分，其大小等于单位正电荷因受电场力作用从 A 点移动到 B 点所做的功。电压的国际单位制为伏特，简称伏，符号是 V，用 U 表示，计算公式为

$$U_{AB}=\frac{W_{AB}}{Q}$$

式中，W 为电功率(J)，Q 为电量(C)。

电压的常用单位还有毫伏(mV)、微伏(μV)和千伏(kV)，它们的关系为

$$1\ mV=10^{-3}\ V$$
$$1\ \mu V=10^{-6}\ V$$
$$1\ kV=1000\ V$$

绝大多数汽车电路均由车辆蓄电池或发电机来供电，且通常为 12 V 电气系统。纯电动汽车或混合动力汽车动力蓄电池的电压一般在 200 V 以上。

3）电压分类

电压有多种分类标准，这里主要介绍按照电压是否变化及电压大小分类。

(1)根据电压变化与否，电压可分为直流电压和交流电压。如果电压的大小和方向都不随时间变化，则称为直流电压，用 U 表示，如图 2-1-6 所示。如手电筒电池两端和灯泡两端的电压都是直流电压。如果电压的大小和方向都随时间变化，则称为交流电压，用 u 表示，如图 2-1-7 所示。如民用交流电 220 V，工业用交流电 380 V 等。

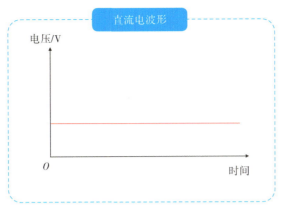

图 2-1-6 直流电压

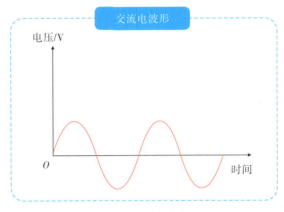

图 2-1-7 交流电压

(2)根据电压大小,电压可以分为高电压、低电压和安全电压。高低压的判断依据:电气设备的对地电压值。对地电压高于或等于 1000 V 的为高压;对地电压小于 1000 V 的为低压。

安全电压是指人体较长时间接触而不致发生触电危险的电压。国家标准《特低电压(ELV)限值》(GB/T 3805—2008)规定了为防止触电事故而采用的,由特定电源供电的电压系列。我国对工频安全电压规定了五个等级,即 42 V,36 V,24 V,12 V 及 6 V。

3. 电阻

1)电阻概念

电阻表示导体对电流阻碍作用的大小。所有电路均存在一定的电阻,所有的导体同样也对电流具有一定的阻力(图 2-1-8)。不同的导体,电阻一般不同。电阻越大,表示导体对电流的阻碍作用越大,电子流通量越小,反之亦然。

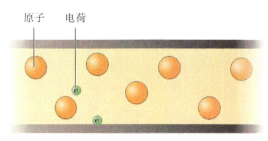

图 2-1-8 电阻

2) 电阻计算与单位

导体对电流的阻碍作用称为该导体的电阻，用字母 R 表示，电阻的基本单位是欧姆（Ω），常用的电阻单位还有千欧（kΩ）和兆欧（MΩ）等，它们之间的换算关系为

$$1\ \text{M}\Omega = 1000\ \text{k}\Omega$$
$$1\ \text{k}\Omega = 1000\ \Omega$$

导体的电阻是客观存在的，与电压无关。实验证明，在一定温度下导体的电阻 R 与它的长度 L 成正比，与它的横截面积 S 成反比，且与导体的材料有关。这一规律叫做电阻定律，用公式表示为

$$R = \rho \frac{L}{S}$$

式中，ρ 为导体的电阻率（Ω·m）。

ρ 值与导体材料的性质和导体所处的条件（如环境温度）有关，与导体的几何形状无关。在一定温度下，同一种材料的 ρ 值是一个常数，不同材料 ρ 的值不同。

导体的电阻与温度有关，通常用温度系数反映电阻随温度变化的情况。

4. 欧姆定律

欧姆定律是电路分析中最基本、最重要的定律之一。欧姆定律有两种形式：部分电路和全电路。

1) 部分电路的欧姆定律

部分电路是指不含电源的一段电路，如图 2-1-9 所示。

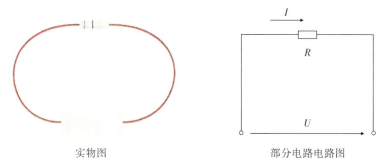

实物图　　　　　　　　　部分电路电路图

图 2-1-9 部分电路

德国物理学家欧姆通过大量的实验指出:通过一段导体的电流跟这段导体两端的电压成正比,跟这段导体的电阻成反比。这就是部分电路的欧姆定律,简称欧姆定律,用公式表示为

$$I = \frac{U}{R}$$

式中,U 代表导体两端的电压(V),R 代表导体的电阻(Ω),I 代表流过导体的电流(A)。

欧姆定律揭示了电路中电流、电压和电阻三者之间的关系,是电路的基本定律之一,它的应用非常广泛。

2) 全电路欧姆定律

全电路是指含有电源的闭合电路,如图 2-1-10 所示。

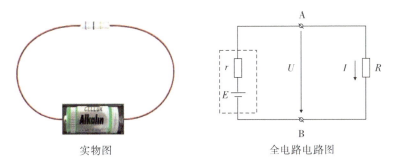

图 2-1-10　全电路

图中虚线框内表示一个电源。电源也是有电阻的,这个电阻称为内电阻,用 r 表示,为了看起来方便,通常在电路图上单独画出。实际上,内电阻在电源内部,与电动势是分不开的,所以也可以不单独画出,而是在电源符号的旁边注明内电阻的数值。

实验证明:全电路中的电流跟电源的电动势成正比,跟内、外电路中的电阻之和成反比。

这个结论称为全电路欧姆定律,用公式表示为

$$I = \frac{E}{R + r}$$

式中,E 为电源的电动势(V),R 为外电路的电阻(Ω),r 为电源的内电阻(Ω),I 为闭合电路中的电流(A)。

由上式可得:

$$E = IR + Ir = U + Ir$$
$$U = E - Ir$$

上式中 U 是外电路两端的电压,叫做端电压,也就是电源两端的电压。Ir 称为电源内部的电压降。上式表明:电路闭合时,电源的端电压等于电源电动势减去电源内部的电压降。

电源两端的电压 U 随电源输出电流 I 的变化关系,即 $U = f(I)$,称为电源的外特性,如图 2-1-11 所示。

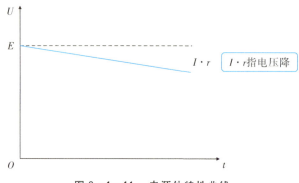

图 2-1-11　电源外特性曲线

如果电源输出电流很大,而电源两端电压下降很小,则该电源的外特性较好(即电源保持端电压恒定的能力较强);反之,则较差。

由 $U = E - Ir$ 可知,电源的内电阻越小,电源的外特性就越好,电源的内电阻越大,电源的外特性就越差。

二、高压电及标识

1. 高压电特点

在新能源汽车中,低压通常指 12 V 电源系统的电气线路,而高压主要指动力蓄电池及相关线路的电压。新能源汽车的高压具有如下特点:

①高压的电压一般都在 200 V 以上。

②高压存在的形式既有直流,也有交流。这包括动力蓄电池的直流电,也包括充电时的 220 V 电网交流电,以及电动机工作时的三相交流电。

③高压对绝缘的要求更高,大多数传统汽车上设计的绝缘材料,当电压超过 200 V 时可能就变成了导体,因此在新能源汽车上的绝缘材料需要具有更高的绝缘性能。

④高压对正负极距离的要求。在 12 V 电压的情况下,正负极之间的距离很近才会有击穿空气的可能,但是当电压高于 200 V 时,正负极之间有一定距离就可能发生击穿空气而导电,这也就是电弧,如图 2-1-12 所示。在 300 V 电压下,两根导线距离 10 cm 时就会发生击穿导电。

图 2-1-12　电弧

2. 高压电标识

为防止意外触及高压系统，新能源汽车对高压部件均采用特殊的标识或颜色，对维修人员或车主给予警示，有时为强调危险，在高压标识旁边还会添加一些警告文字。新能源汽车通常采用两种形式进行高电压的警示，高压警示标识和导线颜色。

1）高压警示标识

每个新能源汽车的高电压组件壳体上都带有一个标记，售后服务人员或每位车主均可通过标记直观看出高电压可能带来的危险，所用警示牌基于国际标准危险电压警告标志。

如图2-1-13所示，高压警示标识采用黄色底色或红色底色，图形上布置有高压触电国家标准。

图2-1-13 高压标识

2）高压警示颜色

由于高压导线长度较长，可能有几米长，因此在一处或两处通过警示牌标记意义不大。售后服务人员可能会忽视这些标牌。因此为方便辨别，用颜色标记出所有高电压导线。为起到警示作用，高电压导线的某些插头以及高电压安全插头也采用相应颜色，如图2-1-14所示。

图2-1-14 高压接线和插头

按国际通行规定，电动汽车高压电配线的线皮标识颜色为橙色，如图2-1-15所示。在电动汽车上对有高电压的部件，都采用颜色鲜艳的橙色警戒标识，在进行维修操作时，对待高压部件应小心谨慎，严格按照安全规定进行，绝对不能随便触及。

图 2-1-15 橙色高压线及高压接头

课程启迪

新能源汽车的电源系统由高压电源、低压电源、高压电缆、高压配电系统等部分组成。其中，高压电源，即动力电池，是由众多单体电池串联而成的动力电池包，其功能为存储能量和释放能量。电源除动力电池外，还有一个 12 V 的铅酸蓄电池，即低压电源。它主要给汽车低压电气设备，如灯光系统、仪表系统、娱乐系统、电动车窗、刮水器、除霜器和各种控制器等供电。

【想一想】你认为新能源汽车的低压系统电压设置为 12 V 有哪些好处？

任务练习

一、选择题

1. 交流电在中国以(　　)接入送电。
   A. 110 V　60 Hz　　　B. 110 V　50 Hz　　　C. 220 V　60 Hz　　　D. 220 V　50 Hz

2. 电流的测量单位是(　　)。
   A. 安培　　　　　　　B. 伏特　　　　　　　C. 欧姆　　　　　　　D. 库仑

3. 纯电动汽车或混合动力汽车动力蓄电池的电压一般在(　　)以上。
   A. 380 V　　　　　　B. 280 V　　　　　　C. 200 V　　　　　　D. 220 V

4. 在有防止触电保护装置的情况下,人体允许通过的电流一般为(　　)。
   A. 5 mA　　　　　　B. 10 mA　　　　　　C. 30 mA　　　　　　D. 50 mA

二、判断题

1. 习惯上规定正电荷定向移动的方向为电流方向。　　　　　　　　　　　　　　(　　)
2. 金属导体中自由电子的移动方向和规定的电流方向一致。　　　　　　　　　　(　　)
3. 直流电有频率,通常使用一个正弦波来表示一个循环。　　　　　　　　　　　(　　)
4. 直流电广泛应用于手电筒、手机等各类生活小电器。　　　　　　　　　　　　(　　)
5. 在国家电力系统中,电压以电气设备的对地电压值为依据。对地电压高于或等于1000 V的为高压;对地电压小于1000 V的为低压。　　　　　　　　　　　　　(　　)
6. 在电动汽车上对有高电压的器件,都有颜色鲜艳的红色警戒标识,给予维修人员或车主警示。　　　　　　　　　　　　　　　　　　　　　　　　　　　　　(　　)

电气火灾应急处理

情境重现

2022年7月,林某携幼子驾驶一台电动汽车在一路口掉头后,车辆径直加速直至撞向主辅路之间的隔离带,车辆随即燃起非常猛烈的大火。所幸路人自发组织营救,将林某父子从车内拽出并移动至安全地带,等待救护车前来救援。事后经医院诊断,幼子除受到惊吓外,没有大碍,而林某头部、面部等多处遭受不同程度的伤害,需进一步治疗。

【想一想】作为汽车维修人员,如何在维修过程中正确判断车辆起火原因并及时采取有效措施应对突发状况?

知识导图

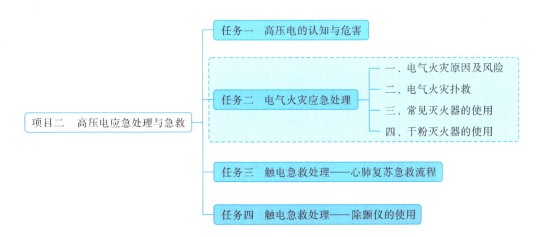

知识详解

一、电气火灾原因及风险

1. 电气火灾原因

目前新能源汽车主要使用的是三元锂电池，部分车型使用的是磷酸铁锂电池，这两种电池均属于液态锂离子电池。对液态锂离子电池来说，充放电反应其实就是内部的锂离子运动过程，在长时间充电过程中，内部化学反应加剧，温度逐步上升，就很容易导致起火现象的发生。而对于锂离子电池来说，如果发生碰撞或者形变，很容易发生锂枝晶现象，从而导致起火。因此，新能源汽车在后期使用过程中需要定期进行养护，尤其是对动力电池及相关线路进行检查。除此之外，还需要养成良好的充电习惯，避免使用快速充电桩长时间进行充电。另外，也需要养成良好的驾驶习惯，保证安全驾驶，避免出现碰撞事故。

常见电气火灾原因可细分为以下几点。

1）电路短路

新能源汽车主要是以电力为能源，所以其起火现象经常产生于电力层面。运行过程中的电路短路成为引发火灾的主要原因之一。一方面，如果新能源汽车的电路存在局部电阻过大或者线路接点不牢，就有可能引起热能产出增大，若没有得到及时处理，热量就会持续累积，从而导致导线接点发热起火，新能源汽车发生自燃。另一方面，部分车主对于汽车结构的重要性认识不足，私自对汽车进行各种改装，然而由于其缺乏专业的知识，改装环节就造成电路结构布局及路线方面出现偏差。这样一来，就很有可能引发电力功率过大的问题，加快线路的老化，严重甚至造成电路短路，引发火灾。

2）电路漏电

新能源汽车作为以电力为动力的新型车辆，一旦电力系统出现故障，产生电路漏电问题，也会造成火灾事故的发生。首先，相关人员大量增加电子设备的使用，并将车载电力作为电源使用，这在一定程度上提高了新能源汽车的电路压力，进而加重汽车在运行过程中所产出的热能，持续累积下就很有可能引发火灾；其次，如果新能源汽车的电力包装出现纰漏，电力产品产生持续微弱放电现象，在新能源汽车的持续运行状态中也会造成电力及热量的持续累积，从而弱化线路的绝缘性能，造成火灾。

3）高温部件引燃可燃物

新能源汽车在运行过程中部分设备会产生大量的高温，该部位如果和可燃物接触，就很有可能引发火灾。而且在新能源汽车中，还存在装配不当的现象，车辆缺乏良好的防晒能力，在夏季阳光直射的状态下，就很有可能引发车内的相关可燃物体爆炸。

2. 电气火灾风险

新能源汽车电气火灾具有复杂性、危险性和突变性，不能将其作为普通车辆火灾进行处理。新能源汽车的具体火灾风险表现如下：

1) 爆炸风险

锂电池包为密闭壳体，既有合金材料的壳体，也有复合材料的壳体，且都具有很高的硬度。但当电池出现故障时，极易导致火灾事故的发生，且概率达 70% 以上，当电池发热失控时，电池的内部会迅速地产生大量气体，这些气体会导致壳体在薄弱处发生撕裂爆炸，甚至形成抛射性的爆炸伤害。

2) 触电风险

新能源汽车的驱动电压一般都在 380 V 以上，商用车更是高达 500 V 以上，且不同车型动力电池组分布均不同。在事故发生时，强大的动能冲击可能会导致高压线路破损，并通过散落的车体接地，致使车身带电或在现场一定范围内形成跨步电压，电动汽车的驱动电压较高，如果在现场对于高压线路的处置方式不规范，对消防救援人员造成电击等伤害的可能性极大。

3) 有毒烟气风险

三元锂电池或磷酸铁锂电池的工作原理是能量的转换，锂离子在电能作用下，通过电解液实现电能和化学能的交互释放，正极、负极出现反应分解过热，会产生有毒物质。电解质等材料在高温下会产生大量的烯烃等化学物质。热失控后的高温燃烧，会产生并释放氟化氢、氰化氢等有毒物质，易对消防救援人员身体造成极大伤害。

4) 高温燃烧风险

开放空间中，家用车的汽油、柴油起火后燃烧温度约为 500 ℃。当动力电池发生燃烧时，会分解产生大量的可燃混合物，压力会不断增大，甚至冲开安全泄压装置，从而发生喷溅。据相关调查了解，最远的喷溅距离约为 5 m。同时电解液析出也会导致其他锂电池短路，加剧热量释放，可在短时间内使温度达到 1000 ℃ 以上，对消防救援人员的安全造成严重的威胁。

5) 电池复燃风险

锂离子电池被扑灭后，依然存在升温复燃的风险和热失控的可能性。为防止锂离子电池复燃，建议由专业的消防救援人员派驻灭火类消防车，实施一段时间的现场保护。实验表明，其电池内部处于自分解反应状态时会产生有毒可燃气体，遇内部高温会再次发生燃烧。因此，电动汽车火灾在扑救时需进行长时间、持续的冷却降温。

二、电气火灾扑救

1. 灭火剂选用

灭火剂的选用取决于火灾的种类，三元锂电池起火的主要原因是内部的高温高压气体被内部的高温小颗粒点燃形成火焰,因此属于气体着火,属于C类气体火灾。磷酸锂铁电池起火的原因是内部的可燃气体泄漏与空气形成可燃性预混气体,被高温点燃起火。因此,磷酸锂铁电池和三元锂电池着火同属于C类火灾。

在灭火剂中,水其实是能够成功扑救电动汽车锂离子电池火灾的,但耗水量大,扑救时间长。当前消防救援队伍所配备的灭火药剂主要为泡沫液、干粉、水等,在实际的灭火过程中,泡沫、水是比较常用的,二者相对来说,水是最经济实用的灭火剂。

2. 安全防护

电气火灾现场具有传统火灾的高温特点,同时也有带电和爆炸危险。火灾扑救人员在处理新能源汽车电气火灾时应当注意以下几点:

(1)根据新能源汽车火灾事故现场地形和现场车辆的行驶方向,选择合理的消防车停靠位置和车头朝向。

(2)在火灾救援区域划分干净区、作业区和碎片堆放区,实施分区管控,全程监测汽车内部锂电池组温度情况和现场可燃、有毒气体浓度,实时调整警戒范围,严禁群众进入警戒区域。

(3)实施灭火作战和断电稳固的人员要做好电绝缘防护,佩戴电绝缘工具。

(4)发现锂电池组电解液泄漏时,靠近事故车辆进行灭火救援作业的人员应当佩戴空气呼吸器,并控制现场火源,防止电解液起火燃烧。

(5)设立安全观察哨。发现汽车锂电池组温度急剧升高或者有烟雾产生时,指挥员应马上下达撤离命令,并采用高压水枪喷射雾状射流进行掩护,防止汽车锂电池爆炸威胁人员安全。

3. 扑救原则

(1)降低着火汽车的温度,保证着火汽车的温度不升高,需要持续不断地供水。

(2)降低火灾现场的可燃物浓度,在作业区喷射雾状水可以达到这样的效果。

(3)利用大量水对锂电池动力电池组持续降温,直至电池组温度降至160 ℃以下,确认无复燃风险。

(4)着火汽车内部如果有被困人员,应严格按照救助程序,先对被困人员进行观察和初步急救,然后再采取破拆救人的行动。

(5)在破拆过程中应对被困人员进行有效的防护,防止造成二次伤害。应避开动力电池组和高压动力线路,防止对救援人员造成伤害。

4. 基本流程

(1)做好个人安全防护。进入火灾现场的火灾扑救人员,应当佩戴好全套个人防护装备,同时戴上电绝缘防护装备,避免触电。

(2)开展火情侦察。新能源汽车的火灾特性会因为汽车内部搭载的锂电池组而有很大的不同。在进行火情侦察时,救援人员应当查明火灾车辆的类别、数量、状态及车辆搭载的锂电池种类，通过咨询生产厂家了解该类汽车锂电池的电压、容量、位置及隔离断电的方法等重要灭火信息。同时要掌握被困人员的信息和火灾现场的交通、地形、水源等情况。

（3）划定警戒区域。锂电池起火会伴随着爆炸的危险，根据情况计算出爆炸的死亡半径，划定警戒区域，设立警戒标识，布置警戒人员监测现场情况，避免爆炸波及周边群众。

（4）实施断电稳固。灭火救援人员在处置汽车锂电池火灾时，如果有接近着火汽车的条件，应当第一时间关闭车辆启动开关，通过操作手动应急断路器或者断开汽车锂电池正负极等方式断开汽车的电源，断电后可用万用表对电压进行检测。根据车辆的状态，采取支撑、牵拉等方式对车辆进行稳固，为后续救助被困人员创造作业条件，保证作业安全。

（5）对着火车辆进行火势压制。汽车内部锂电池组受损时，可利用灭火毯对电池箱进行覆盖。发现内部温度急剧升高时，应用大量的水进行冷却，防止电池燃烧爆炸。发现有异响或者电解液泄漏时，应打开车窗和后备箱通风，防止有毒、可燃气体聚积。根据现场情况通过机械送风等方法对燃烧产生的烟雾和有毒气体进行驱散。

三、常见灭火器的使用

常用的灭火器主要有干粉灭火器、泡沫灭火器、二氧化碳灭火器等。

1. 干粉灭火器

干粉储压式灭火器是以分二氧化碳为动力，将筒体内干粉压出，适用于扑救石油产品、油漆、有机溶剂火灾，如图 2-2-1 所示。它能抑制燃烧的连锁反应而灭火。也适用于扑灭液体、气体、电气火灾（干粉有 50 000 V 以上的电绝缘性能）。有的还能扑救固体火灾，但不能扑救轻金属燃烧火灾。

图 2-2-1 干粉灭火器

使用时先拔掉保险销（有的是拉起拉环），再按下压把，即可喷出干粉。灭火时要靠近火焰喷射；干粉喷射时间短，喷射前要选择好喷射目标；此外，由于干粉容易飘散，不宜逆风喷射。平时注意保养灭火器，要放在好取、干燥、通风处。

干粉推车使用：首先将推车灭火器快速推到靠近火源处，拉出喷射胶管并展直，拔出保险销，扳直阀门手柄，对准火焰根部，使粉雾横扫重点火焰，注意切断火源，控制火焰蹿回，由近及远向前推进灭火。

2~3 kg 干粉灭火器（MFTZ）射程为 2.5 m，4~5 kg 射程为 4 m，喷射时间为 8~9 s。8 kg 射程为 5 m，喷射时间为 12 s。35~50 kg 推车射程为 8 m，喷射时间为 20 s。

70 kg推车射程为 9 m，喷射时间为 25 s。

2. 泡沫灭火器

泡沫灭火器(图 2-2-2)的灭火剂目前主要是化学泡沫，泡沫能覆盖在燃烧物的表面，防止空气进入。它最适宜扑救液体火灾，但不能扑救水溶性可燃、易燃液体(如醇、酯、醚、酮等物质)火灾和电器火灾。

图 2-2-2 泡沫灭火器

使用泡沫灭火器时先用手指堵住喷嘴将筒体上下颠倒两次，就会有泡沫喷出。对于油类火灾，不能对着油面中心喷射，以防着火的油品溅出，应顺着火源根部的周围，向上侧喷射，逐渐覆盖油面，将火扑灭。使用时不可将筒底筒盖对着人体，以防发生危险。筒内药剂一般每半年，最迟一年更换一次，冬季要做好防冻、防晒保养。

泡沫推车使用：先将推车推到火源近处展直喷射胶管，将推车筒体稍向上活动，转开手轮，扳直阀门手柄，手把和筒体立即触地，将喷枪头直对火源根部周围，覆盖重点火源。泡沫灭火器(10 L)喷射距离为 5 m，喷射时间为 35 s；65 L 的射程 9 m，喷射时间为 150 s 左右。

3. 二氧化碳灭火器

二氧化碳灭火器如图 2-2-3 所示，是一种具有一百多年历史的灭火器，价格低廉，获取、制备容易，其主要依靠窒息作用和部分冷却作用灭火。二氧化碳具有较高的密度，约为空气的 1.5 倍。在常压下，液态的二氧化碳会立即汽化，一般 1 kg 的液态二氧化碳可产生约 0.5 m^3 的气体。因而，灭火时，二氧化碳气体可以排除空气而包围在燃烧物体的表面或分布于较密闭的空间中，降低可燃物周围或防护空间内的氧浓度，产生窒息作用而灭火。另

图 2-2-3 二氧化碳灭火器

外，二氧化碳从储存容器中喷出时，会由液体迅速汽化成气体，而从周围吸收部分热量，起到冷却的作用。

灭火时只要将灭火器提到或扛到火场，在距燃烧物 5 m 左右处，放下灭火器，拔出保险销，一只手握住喇叭筒根部的手柄，另一只手紧握启闭阀的压把，对准火焰根部喷射。对没有喷射软管的二氧化碳灭火器，应把喇叭筒往上扳 70～90 度。当可燃液体呈流淌状燃烧时，使用者可将二氧化碳灭火剂的喷流由近及远向火焰喷射。如果可燃液体在容器内燃烧，使用者应将喇叭筒提起，从容器的一侧上部向燃烧的容器中喷射，但不能用二氧化碳射流直接冲击可燃液面，以防止将可燃液体冲出容器而扩大火势，造成灭火困难。

四、干粉灭火器的使用

1. 注意事项

(1)手提式干粉灭火器使用时，应优先使用下压把式，压下压把便有干粉喷出。但应注意，必须先拔掉保险销，否则不会有干粉喷出。

(2)手提式干粉灭火器喷射时间很短，所以要把喷粉胶管对准火焰后，才可打开阀门。手提式干粉灭火器喷射距离也很短，所以使用时，操作人员在保证自身安全的情况下应尽量接近火源。并要根据燃烧范围选择合适规格的灭火器，如果燃烧范围大，灭火器规格小，就会前功尽弃。

(3)手提式干粉灭火器不需要颠倒过来使用，但如在使用前将筒体上下颠动几次，使干粉松动，喷射效果会更好。

(4)干粉喷射没有集中的射流，喷出后容易散开，所以喷射时，操作人员应站在火源的上风方向。

(5)干粉灭火器不能从上面对着火焰喷射，而应对着火焰的根部平射，由近及远，向前平推，左右横扫，不让火焰蹿回。

(6)在扑救液体火灾时，因干粉灭火器具有较大的冲击力，不可将干粉直接冲击液面，以防把燃烧的液体溅出，扩大火势。

(7)干粉灭火器在正常情况下，有效期可达 3～5 年，但中间每年应检查一次。

(8)干粉灭火器要放在取用方便、通风、阴凉、干燥的地方，防止筒体受潮，干粉结块。干粉灭火器不可接触高温，不能放在阳光下曝晒，也不能放在温度低于 -10 ℃的地方。

2. 干粉灭火器的使用

1)操作准备

(1)场地准备：开阔场地，周边无易燃易爆物，远离居民区。

(2)车辆准备：废旧车辆一辆。

(3)设施设备：干粉式灭火器、绝缘手套、绝缘鞋帽、绝缘木棍等。

2)操作步骤

(1)首先检查灭火器是否在正常的工作压力范围，如图2-2-4所示；灭火器压力表分为三个颜色区域，黄色表示压力充足，绿色表示压力正常，红色表示欠压；一般选用的灭火器指针至少要在绿色区域，否则就需要到相关部门充压。

图2-2-4　检查灭火器压力

(2)将灭火器上下颠倒几次，使里面的干粉松动，如图2-2-5所示。

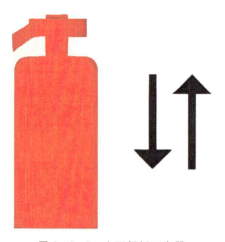

图2-2-5　上下颠倒灭火器

(3)拔掉保险销，如图2-2-6所示，一般为铅封或者塑料保险销，直接用手拉住拉环，使劲向外拔就可以将保险销拔掉。

图 2-2-6　拔掉保险销

（4）拔掉保险销后，一只手握住压把，另一只手抓好喷管，灭火器握姿，如图 2-2-7 所示，将灭火器竖直放置，用力按下压把，干粉便会从喷管里面喷出。

图 2-2-7　灭火器握姿

（5）喷射时，要对准火焰根部，站在上风向，距离火焰根部 3 m 左右，如图 2-2-8 所示。

图 2-2-8 对准灭火

课程启迪

据应急管理部消防救援局发布的 2022 年第一季度数据显示,接报各类交通工具火灾 1.9 万起,其中,新能源汽车 640 起,同比上升 32%,意味着平均每天有超过 7 起新能源汽车火灾。新能源汽车发生火灾后:(1)打开后备箱,拿出便携式灭火器扑灭刚燃起的火苗;(2)立刻离开车辆,转移至安全地方,并拨打 119 火警电话。

【想一想】你觉得哪种做法是正确的?为什么?

项目二 高压电应急处理与急救

任务练习

一、选择题

1. 伴随着当前新能源汽车发展的形势，动力电池燃烧爆炸的原因不包括（　　）。
   A. 电路短路　　　　　　　　　　　　B. 电路漏电
   C. 高温部件引燃可燃物　　　　　　　D. 汽油泄漏

2. 新能源汽车事故具有复杂性、危险性和突变性，当锂电池包受碰撞挤压，发生热失控，电池的内部迅速产生的大量气体会造成（　　）风险。
   A. 爆炸　　　　B. 触电　　　　C. 有毒烟气　　　　D. 高温燃烧

3. 灭火剂的选用取决于火灾的种类，磷酸铁锂电池和三元锂电池发生起火，都属于（　　）类火灾。
   A. A类和B类　　B. C类　　　　C. D类　　　　　　D. E类和F类

4. 干粉灭火器的使用，首先检查灭火器是否在正常的工作压力范围；灭火器压力值在（　　）范围表示压力正常。
   A. 黄色　　　　B. 绿色　　　　C. 红色　　　　　　D. 白色

二、判断题

1. 在灭火剂当中，水其实是能够成功扑救电动汽车锂离子电池火灾的，但耗水量大，扑救时间长。（　　）

2. 进入事故现场的火灾扑救人员，应当佩戴好全套个人防护装备，同时带上电绝缘防护装备，避免触电。（　　）

3. 干粉灭火器要放在取用方便、通风、阴凉、干燥的地方，防止筒体受潮，干粉结块。（　　）

4. 手提式干粉灭火器在使用前不需要将筒体上下颠动几次，使干粉松动，喷射效果也同样好。（　　）

5. 着火汽车内部如果有被困人员，应先采取破拆救人行动，救人优先，无需进行观察和初步急救。（　　）

6. 二氧化碳具有较高的密度，约为空气的1.5倍。（　　）

触电急救处理——心肺复苏急救流程

情境重现

张先生开着新买的比亚迪新能源汽车在旅游途中不小心磕碰到了底盘，总是担心动力电池会受到损伤，于是开到4S店进行检查。4S店的维修师傅粗心大意，未断开电池安全开关就开始检查车辆，不小心触碰到车辆的高压电，晕倒在地板上。张先生一下子慌了神，不知道怎么办。

【想一想】作为汽车维修人员，在工作中，如何预防人身触电事故的发生，提高触电急救的处理能力？

知识导图

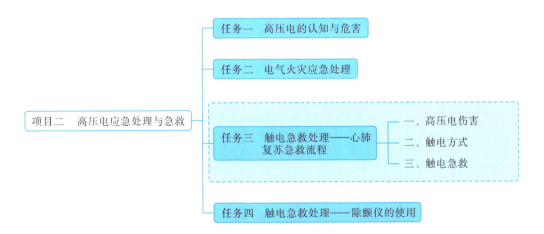

知识详解

一、高压电伤害

1. 人体安全电压

人体触电的原因:人是导体,人体触及带电体时,人体两端有电压,人体中就有电流通过。电流对人体的危险性与电流大小,通电时长等因素有关系。根据行业规定,安全电压不高于 36 V,持续接触安全电压为 24 V,安全电流为 10 mA。

实际上在采用高压电源的新能源汽车中,36 V 的电压值并不科学。因为人体电阻加上人体以外的衣服、鞋、裤等电阻可以达到 5000 Ω,但是人体电阻会存在个体差异性,例如胖瘦,男女等,电阻值都会不一样,如图 2-3-1 所示。另一方面,人所处的工作环境,也会导致人体的电阻值发生变化,如表 2-3-1 所示。在潮湿的夏天和干燥的冬天,人体表现的电阻就不一样,干燥的环境下,人体安全电压为 24 V,潮湿的环境下,人体安全电压为 12 V。环境越潮湿,人体的电阻就会越小。此外,还需要注意的是每个人对电流流过身体的反应也不一样,有一部分人可能能够承受更大的电流。

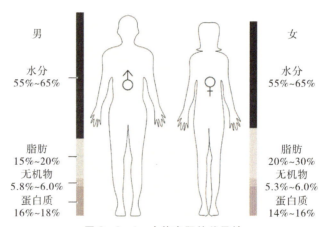

图 2-3-1 人体电阻的差异性

表 2-3-1 不同条件下的人体电阻

接触电压/kV	人体电阻/Ω			
	皮肤干燥	皮肤潮湿	皮肤湿润	皮肤浸入水中
10	7000	3500	1200	600
25	5000	2500	1000	500
50	4000	2000	875	440
100	3000	1500	770	375
250	1500	1000	650	325

2. 电流对人体伤害的类型

能够最终对人体产生伤害的是电流，电流对人体的伤害有三种形式：电击、电伤和电磁场伤害，如图 2-3-2 所示。

电击

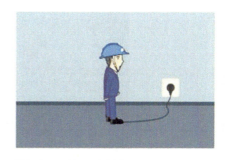
电伤

电磁场伤害

图 2-3-2　电流对人体的伤害类型

1）电击

电击是指电流流经人体内部，引起疼痛发麻、肌肉抽搐，严重的会引起强烈痉挛、心室颤动或呼吸停止，甚至会对人体心血管系统、呼吸系统及神经系统造成致命伤害，导致死亡。绝大部分触电死亡事故是电击造成的，相当于人成了用电器。

（1）电击效应。电流低于导通限值时，会有相应的电击反应，从而容易使人因肢体不受控制和失去平衡而受伤，如图 2-3-3 所示。

（2）热效应。电流导入导出点处会产生热效应，引起的温度升高会导致烧伤和焦化，也会发生内部烧伤。这会导致肾脏负荷过大，甚至造成致命的伤害。

（3）化学效应。血液和细胞液成为电解液并被电解。这会导致严重的中毒，中毒情况在几天后才能被发现，因此伤害极大。

（4）肌肉刺激效应。所有的身体功能和人体肌肉运动都是由大脑通过神经系统的电

图 2-3-3 电击效应伤害

刺激来控制的。如果通过人体的电流过高,肌肉开始抽搐,大脑就无法控制肌肉组织。例如,握紧的拳头再也无法打开或者移动。如果电流经过了胸腔,肺会产生痉挛(呼吸停止),心脏的跳动节奏会被中断(心室纤维化颤动,无法进行心脏的收缩扩张运动)。

(5)发生静态短路的热效应。工具急剧发热,会导致材料熔化,从而可能发生烧伤事故。

(6)由于短路引起火花。金属很快熔化,产生飞溅的火花,飞溅出来的金属颗粒温度超过 5000 ℃,可能引起烧伤及对眼睛造成严重伤害。

(7)带电高压线路接通和断开时所产生的弧光,如图 2-3-4 所示,光辐射可能造成电光性眼炎。

图 2-3-4 高压击穿空气产生电弧

2）电伤

电伤是指触电时，人体与带电体接触不良部分接触时发生的电弧灼伤，或者是人体与带电体接触部位的电烙印，又指由于被电流熔化和蒸发的金属微粒等侵入人体皮肤引起的皮肤金属化（图 2-3-5）。这些伤害会给人体留下伤痕，严重时也可能致人死亡。电伤通常是由电流的热效应，化学效应或机械效应造成的（相当于人被烙铁烙了，或者被大量微小的弹片击中嵌入肉里）。

图 2-3-5　电伤

电伤可以分为电灼伤、电烙印、皮肤金属化、电光眼和机械性损伤五种。

(1) 电灼伤。电灼伤是由电流热效应产生的电伤，分为电流灼伤和电弧灼伤。

电流灼伤是指人体与带电体接触，电流通过人体时电能转换成热能造成的伤害；电弧灼伤是指由弧光放电造成的烧伤，分为直接电弧烧伤和间接电弧烧伤。

电灼伤的后果是皮肤发红、起泡，组织烧焦并坏死，肌肉和神经坏死，骨骼受伤。

(2) 电烙印。因电流的化学效应和机械效应作用，接触部分的皮肤会变硬并形成印痕。

(3) 皮肤金属化。在电流的作用下，产生的高温电弧使周围的金属熔化、蒸发成金属微粒并飞溅渗入人体皮肤表层。使皮肤变得粗糙、硬化并呈现一定的颜色。渗入的金属不同在皮肤呈现的颜色不同：铅呈灰黄色、紫铜呈绿色、黄铜呈蓝绿色。

(4) 电光眼。发生弧光放电时，红外线、可见光、紫外线对眼睛的伤害。表现为眼角膜和结膜发炎。

(5) 机械损伤。电流作用于人体时，由于中枢神经反射和肌肉强烈收缩等导致的机体组织断裂、关节脱位及骨折等伤害。

3）电磁场伤害

电磁场伤害是指在高频磁场的作用下，人会出现头晕、乏力、记忆力减退、失眠、多梦等神经系统的症状。

一般认为,电流通过人体的心脏、肺部和中枢神经系统的危险性较大,特别是电流通过心脏时,危险性最大。所以从手到脚的电流途径最为危险。因为沿该条途径会让较多的电流通过心脏、肺部等重要器官;其次是从一只手到另一只手的电流途径,如图2-3-6所示。

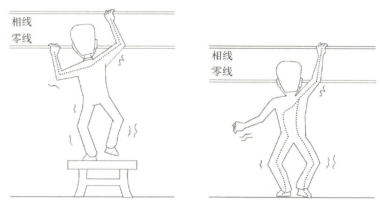

图2-3-6 危险的触电方式

3. 交流与直流触电伤害

直流与交流电压都会对人体产生伤害,但是交流电压对人体伤害的阈值却只有直流的50%。当人体接触到25 V以上的交流电,或60 V以上的直流电时,就有可能会发生触电事故。交流电压在人体内产生交流电,会触发肌肉组织和心脏产生颤动。交流电压的频率越低,危险性越高。交流电会触发心室纤维性颤动,如果不进行急救很快就会致命。人体对不同交流、直流电有不同的反应,具体如表2-3-2所示。

表2-3-2 不同交流、直流电下的人体反应

电流/mA	50 Hz交流电	直流电
0.6~1.5	手指开始感觉发麻	无感觉
2~3	手指感觉强烈发麻	无感觉
5~7	手指肌肉感觉痉挛	手指感觉灼热和刺痛
8~10	手指关节与手掌感觉痛,手已难以脱离电源,但尚能摆脱电源	灼热感增加
20~25	手指感觉剧痛,迅速麻痹,不能摆脱电源,呼吸困难	灼热感增加,手的肌肉开始痉挛
50~80	呼吸麻痹,心室颤动	强烈灼痛,手的肌肉痉挛,呼吸困难
90~100	呼吸麻痹,持续3 min或更长时间后,心脏停搏	呼吸麻痹

二、触电方式

人体的触电方式可以分为直接接触触电、间接接触触电和接触电压触电三种。

1. 直接接触触电

直接接触触电是指人体直接接触到带电体或者是人体过分接近带电体而发生的触电现象。直接接触触电又可以分为单相触电和双相触电。

1）单相触电

当人体直接触碰带电的一相时，电流通过人体流入大地，这种触电现象称为单相触电。对于高压带电体，人体虽未直接接触，但由于超过了安全距离，高电压对人体放电，造成单相接地而引起的触电，也属于单相触电。

低压电网通常发生变压器低压侧中性点直接接地和中性点不直接接地（通过保护间隙接地）的接线单相触电方式，如图2-3-7、2-3-8所示。

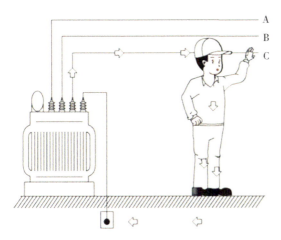
图2-3-7 中性点接地的单相触电

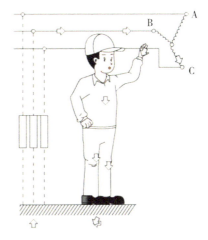
图2-3-8 中性点不接地的单相触电

2）两相触电

人体同时接触带电设备或线路中的两相导体，或在高压系统中，人体同时接近不同相的两相带电导体，而发生电弧放电，电流从一相导体通过人体流入另一相导体，构成一个闭合回路，这种触电方式称为两相触电。

发生两相触电时，作用于人体上的电压等于线电压——380 V，这种触电是最危险的，如图2-3-9所示。

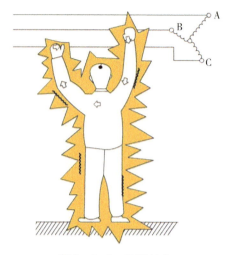

图2-3-9 两相触电

2. 间接接触触电

人体触及正常情况下不带电的设备外壳或金属构架,但因故障意外带电发生的触电现象,称为非正常状态下的触电现象。高压电弧触电和跨步电压触电都属于间接接触触电。

1)高压电弧触电

高压电弧触电是指人靠近高压线(高压带电体)造成弧光放电而触电,如图2-3-10所示。

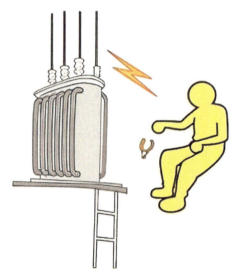

图2-3-10 高压电弧触电

2）跨步电压触电

当电气设备发生接地故障，接地电流通过接地体向大地流散，在地面上形成电位分布时，若人在接地适中点周围行走，其两脚之间的电位差，就是跨步电压。由跨步电压引起的人体触电，称为跨步电压触电，如图2-3-11所示。

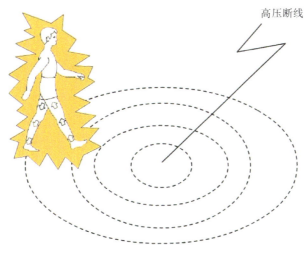

图2-3-11 跨步电压触电

下列情况和部位可能发生跨步电压触电：

（1）带电导体，特别是高压导体故障接地处，流散电流在地面各点产生的电位差造成跨步电压电击。

（2）接地装置流过故障电流时，流散电流在附近地面各点产生的电位差生成跨步电压电击。

（3）正常时有较大工作电流流过的接地装置附近，流散电流在地面各点产生的电位差造成跨步电压电击。

（4）防雷装置接受雷击时，极大的流散电流在其装置附近地面各点产生的电位差造成跨步电压电击。

（5）高大设施或高大树木遭受雷击时，极大的流散电流在附近地面点产生的电位差造成跨步电压电击。

跨步电压的大小受接地电流大小、鞋和地面的接触面积、两脚之间的跨距、两脚的方位及离接地点的远近等很多因素的影响。人的跨距一般按0.8 m考虑。

3. 接触电压触电

电气设备的金属外壳本不应该带电，但当设备使用时间过长，内部绝缘老化，造成击穿；或由于安装不良，造成设备的带电部分碰壳；或其他原因使电气设备的金属外壳带电时，人若碰到带电外壳就会触电，这种触电为接触电压触电。

常见的触电形式有如下几种:

(1)触碰了带电的导体。这种触电发生的原因往往是用电人员缺乏用电知识或在工作中不注意,不按有关规章和安全工作距离办事等,直接触碰上了裸露在外面的导电体,这种触电是最危险的。

(2)由于某些原因,电气设备绝缘受到了破坏导致了漏电,但工作人员没有及时发现,触碰了漏电的设备。

(3)由于外力的破坏等原因,如雷击、弹打等,使送电的导线断落在地上,导线周围有大量的扩散电流向大地流入,出现高电压,人行走时跨入了有危险电压的范围,造成跨步电压触电。

(4)高压送电线路处于大自然环境中,由于摩擦或与其他带电导线并架等原因,受到感应,在导线上带了静电,工作人员在工作时不注意或未采取相应措施,触碰了带有静电的导线而触电。

三、触电急救

援救触电事故中的受伤人员时,自身的安全是第一位的,绝对不要去触碰仍与带电体有接触的人员,如果可能,马上将电气系统断电,或用不导电的物体(木板、扫把等)把事故受害者或者导电体与电压分离。基本的触电急救流程如图 2-3-12 所示。

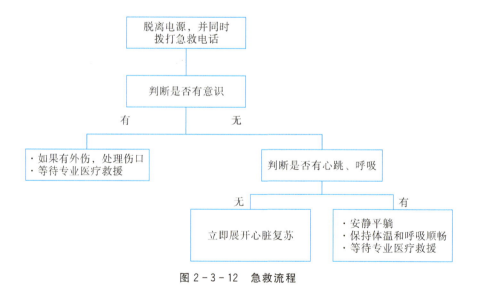

图 2-3-12 急救流程

1. 脱离电源

触电以后,可能由于痉挛或失去知觉等原因抓紧带电体,不能自行摆脱电源,这时抢救触电者的首要步骤就是使触电者尽快脱离电源。

1)低压触电脱离电源的方法

(1)当触电电源在近处有开关或插头时,应立即断开电源开关或拔掉电源插头,断开电源。

(2)当触电电源近处没有开关时,则可以用有良好绝缘钳柄的电工钢丝钳将电线剪断,或用有干燥木柄的斧头或其他工具将电线砍断。当触电者站立地面单相触电时,也可用干燥木板等绝缘物插入触电者身下,隔断电流通路,使触电者脱离电源。

(3)如果身边什么工具都没有,也可以用衣服、围巾等衣物,把一只手厚厚地严密包裹起来,拉触电者的衣服使其脱离电源。如有干燥木板或其他不导电的东西,救护者应站在上面进行救护。

2)高压触电脱离电源的方法

(1)立即通知有关部门拉闸停电。

(2)近处有开关,要立即戴上绝缘手套,穿上绝缘靴,用相应电压等级的绝缘棒(操作棒)将开关拉开。

(3)抛掷裸金属线,避免线路发生短路跳闸。

2. 现场急救

当触电者脱离电源后,应根据触电者的具体情况迅速对症救护,力争在触电后 1 min 内进行救治。国内外一些资料表明,触电后在 1 min 内进行救治的,90%以上有良好的效果,而超过 12 min 再开始救治的,基本无救活的可能。现场应用的主要方法是口对口人工呼吸和闭胸心脏按压,严禁打强心针。

口对口人工呼吸是用人工的方法来代替肺的呼吸活动,使空气有节律地进入和排出肺脏,供给体内足够的氧气,充分排出二氧化碳,维持正常的通气功能。

闭胸心脏按压是指有节律地对心脏按压,用人工的方法代替心脏的自然收缩,使心脏恢复搏动功能,维持血液循环。

需要注意的是,在抢救触电者的过程中,口对口人工呼吸和闭胸心脏按压通常都是同步进行的,这两种施救方法联合实施的过程也叫"心肺复苏"。

1)人工呼吸救护法

(1)抢救前的判定。

①判定有无意识。救护人轻拍或轻摇触电人肩膀(注意不要用力过猛或摇晃头部,以免加重可能存在的外伤),并在耳旁大声呼叫。如无反应,立即用手指掐压人中穴。当呼之不应,刺激也毫无反应时,可判定为意识已丧失。

当触电人意识已丧失时,应立即呼救。将触电人仰卧在坚实的平面上,头部放平,颈部不能高于胸部,双臂平放在躯干两侧,解开紧身上衣,松开裤带,清除口腔异物。若触电人面部朝下,应将身体作为一个整体同时翻转,不能扭曲,以免加重颈部可能存在的伤情。翻转时救护人跪在触电人肩旁,先把触电人的两只手举过头顶(图 2-3-

13),拉直两腿,把一条腿放在另一条腿上(图2-3-14)。然后一只手托住触电人的颈部,一只手扶住触电人的肩部,全身同时翻转。

图2-3-13 将手举过头顶

图2-3-14 腿的摆放

②判定有无呼吸。在保持气道开放的情况下,判定有无呼吸的方法:用眼睛观察触电人的胸腹部有无起伏;用耳朵贴近触电人的口、鼻,聆听有无呼吸的声音;用脸或手贴近触电人的口、鼻,测试有无气体排出;用一张薄纸片放在触电人的口、鼻上,观察纸片是否动。若胸腹部无起伏、无呼气声音、无气体排出,纸片不动,则可判定触电人已停止呼吸。

注意事项

a. 触电者伤势不重,神志清醒,但有心慌、四肢发麻、全身无力等症状,或曾二度昏迷,但已清醒过来,此时,一般只需将其扶到清凉通风之处休息,让其自然慢慢恢复。但要派专人照料护理,因为有的病人在几小时后会发生病变而突然死亡。

b. 触电者有心跳,但呼吸停止或极微弱。应该采用口对口人工呼吸法进行急救,频率是每分钟约12次。

c. 触电者有呼吸,但心跳停止或极微弱。应该采用人工闭胸心脏按压法来恢复病人的心跳,频率是每分钟60~80次。

(2)实施步骤。

①使触电人仰卧,迅速解开衣扣,松开紧身的内衣、腰带,头不要垫高,以利呼吸。

②使触电人的头侧向一边,掰开触电人嘴巴(如果掰不开嘴巴,可用小木片或金属片撬开),清除口腔中的痰液或血块。

③使触电人的头部尽量后仰、鼻孔朝上,下颚尖部与前胸部人体保持在一条水平线上,避免舌根阻塞气道(图2-3-15)。

④救护人蹲跪在触电人头部侧边,一只手捏紧触电人的鼻孔,另一只手用拇指和

食指掰开嘴巴，可垫一层纱布或薄布，准备输气。

⑤救护人深吸气后，紧贴触电人嘴巴吹气，吹气时要使触电人的胸部膨胀（图2-3-16）。成年人每分钟吹气14～16次；儿童每分钟吹气18～24次。不必捏鼻孔，让其自然漏气。

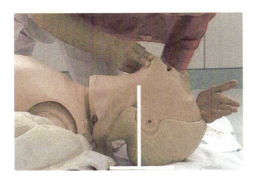

图2-3-15　头部后仰

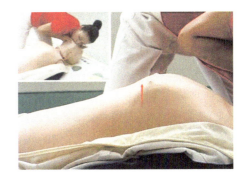

图2-3-16　吸气时胸部微微隆起

⑥救护人换气时，要放松触电人的嘴巴和鼻子，让其自动呼吸。

⑦人工呼吸的过程中，若发现触电人有轻微的自然呼吸时，人工呼吸应与自然呼吸的节律一致。当正常呼吸有好转时，可暂停人工呼吸数秒钟并观察。若正常呼吸仍不能完全恢复，应立即继续进行人工呼吸。

2）闭胸心脏按压法

（1）使触电人仰卧在坚实的地面上，救护姿势与口对口人工呼吸法相同，使呼吸道畅通，以保证按压效果。

（2）救护人蹲跪在触电人腰部一侧，或跨腰跪在腰部两侧，两手相叠，手掌根部要放在心窝稍高，两乳头间略低，胸骨下三分之一处（图2-3-17）。

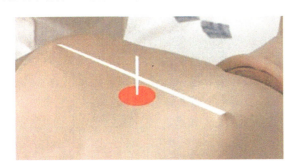

图2-3-17　胸外按压处

（3）救护人两臂肘部伸直，掌根略带冲劲地用力垂直下压，压陷深度为5～6 cm，压出心脏里的血液。成年人100～120次/分（对儿童用力要稍轻，以免损伤胸骨，每分钟挤压100次为宜）（图2-3-18）。

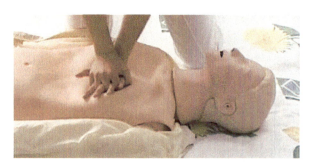

图 2-3-18 胸外按压

（4）挤压后掌根应迅速全部放松，让触电人胸廓自动复原，放松时掌根不必完全离开胸廓。

（5）采用闭胸心脏按压法容易引起肋骨骨折，因此，压胸的位置和力的大小，都要十分注意。

注意事项

a. 按压力要合适，切勿过猛。
b. 按压与放松时间大致相等。
c. 保持气管通畅，取出口内异物，清除分泌物。
d. 用手推前额使头部尽量后仰，同时另一手臂将颈部向前抬起。

课程启迪

新能源汽车高压系统电压一般为 200~600 V，维修人员在维护保养车辆过程中不慎触碰高压电，会引起强烈痉挛，心室颤动或呼吸停止，甚至会对人体心脏、呼吸系统及神经系统造成致命伤害，导致死亡。请问当某位维修人员不慎高压触电时，作为在场的人员，是应该立刻拨打 120 急救报警电话，请求救援，并不顾一切开展心肺复苏。还是应该观察情况，设法让触电者脱离电源。

【想一想】你认为哪种做法是正确的？为什么？

任务练习

一、选择题

1. 人体可持续接触的安全电压为( )。
   A. 10 V
   B. 42 V
   C. 24 V
   D. 36 V

2. ( )是由电流热效应产生的电伤。
   A. 电烙印
   B. 电灼伤
   C. 皮肤金属化
   D. 电光眼

3. ( )是指电气设备的金属外壳本不应该带电,但由于设备使用时间过长,内部绝缘老化,造成击穿,人碰到带电外壳就会触电。
   A. 接触电压触电
   B. 单相触电
   C. 跨步电压触电
   D. 高压电弧触电

4. 当发现有人触电后,首先应该做的是脱离电源,接下来要( )。
   A. 等待专业救援
   B. 开展心肺复苏
   C. 进行闭胸心脏按压
   D. 判断有无意识

二、判断题

1. 电击对人体的危害程度,主要取决于通过人体电流的大小和通电时间的长短。 ( )

2. 电流对人体的伤害有三种形式:电击、电伤和电磁场伤害。 ( )

3. 当人体接触到 25 V 以上的直流电或 60 V 以上的交流电时,就有可能会发生触电事故。 ( )

4. 发生单相触电时,作用于人体上的电压等于线电压 380 V,这种触电是最危险的。 ( )

5. 高压电弧触电和跨步电压触电都属于间接接触触电。 ( )

6. 实施闭胸心脏按压时,按压时间要稍短于放松时间。 ( )

触电急救处理——除颤仪的使用

情境重现

王先生新开了一家新能源汽车 4S 店，开业没几天，店里来了一位销售人员，认为新能源汽车触电风险高，向王先生推销急救设备自动除颤仪（AED）。但是王先生很生气，觉得店里不需要配备自动除颤仪（AED），急救只需要打 120 电话等待救援。

【想一想】作为汽车维修人员，在工作中，发生人员触电事故，导致伤员心脏停搏，如何用好自动除颤仪？

知识导图

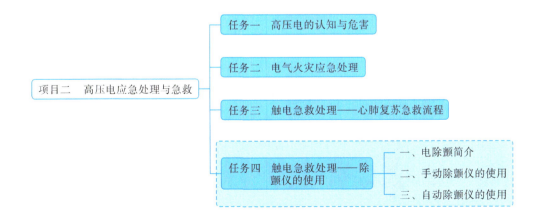

> 知识详解

一、电除颤简介

一般新能源汽车高压系统电压为直流 200~400 V，为缩短新能源汽车的充电时间，提高充电效率，改善使用过程中的里程焦虑，"超级快充"正逐渐成为新能源汽车发展的关键技术。自 2019 年保时捷推出全球首款支持 800 V 直流快充系统的车型 Taycan 之后，国内外的汽车制造商，如奥迪、比亚迪、长城、广汽埃安等，纷纷发布支持 800 V 高电压架构的车型，新能源汽车正朝着不断提高系统电压的方向发展。同时新能源汽车在使用、维护、保养过程中的高压触电风险系数也在不断提高，对驾驶人员、维护人员的安全意识，急救意识提出了更高的要求。因此，触电急救处理是新能源汽车维护人员的基本技能要求。只有经过严格培训的维护人员，在遇到人身触电事故时才会临危不乱，采取正确的方法施救。

1. 心脏停搏

电击、电伤与电磁场触电伤害，导致人员容易因剧烈痉挛而摔倒，电流通过身体传导至心脏，导致产生纤维性颤动，在正常情况下，心脏有节律地搏动，向全身供血。当心肌因种种原因不能同步收缩而代之以蠕动样颤动时，心脏泵血功能就完全丧失，心房肌肉的颤动称为房颤，心室肌肉的颤动为室颤。若这种颤动不及时消除，很快会导致心脏停搏，造成人员死亡。

2. 电除颤急救

电除颤是以一定量的电流冲击心脏从而使室颤终止的方法。在心脏停搏或严重快速型心律失常时，用外加的高能量脉冲电流直接通过心脏，在短时间内使全部心肌纤维同时除极，造成心脏短暂的电活动停止，然后由最高自律性的起搏点（窦房结）重新主导心脏节律的治疗过程为电除颤。因此，在遇到人员触电事故时，如果发生心脏停搏，应该采取直流电除颤法治疗心室颤动，并同时实施心肺复苏。研究证实，早期电除颤是抢救伤员生命最关键的一环，如图 2-4-1 所示。

图 2-4-1 心脏停搏急救流程

3. 电除颤工作原理

除颤仪的电压变换器将直流低压变换成脉冲高压，经高压整流后向储能电容 C 充电，在电容中储存一定的能量。除颤治疗时，控制高压继电器动作，将储能电容 C、电感 L 及人体（负荷）串联接通，使之构成 RLC(R 为人体电阻、导线本身电阻、人体与电极的接触电阻三者之和)串联谐振衰减振荡电路，在几秒钟内通过电极板向胸壁或直接向心脏放电，使颤动的心脏全部除极。由于窦房结产生的信号最强，因此将重新支配心脏的收缩，从而将各种室上性或室性快速性心律失常转复为正常窦性心律，使心脏停搏触电伤员得到抢救和治疗，其工作原理如图 2-4-2 所示。

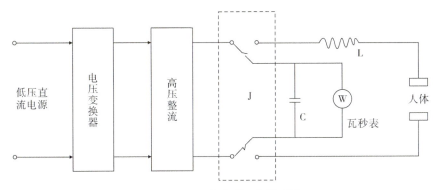

图 2-4-2 电除颤工作原理图

4. 电除颤仪分类

(1) 根据电脉冲电流大小分类：直流电除颤；交流电除颤。
(2) 根据电极板放置位置分类：体内除颤仪；体外除颤仪。
(3) 根据电脉冲通过心脏的方向分类：单向波除颤仪（能量选择：0～360 J，根据伤员的年龄和体重选择）；双向波除颤仪（图 2-4-3）。
(4) 根据除颤类型分类：同步电复律；非同步电复律。

5. 电除颤工作方式

1) 单向波形除颤仪

单向波形除颤仪由单极发出电流，电流单向流动，从一个电极单向流到另一个电极，而电流流经身体的时间由身体的电阻决定。

2) 双向波形除颤仪

双向波形除颤仪则在发出一次电流后，可以发出一次反向的电流，而且能够控制电流流通的时间。这种控制传送电流和电流时间的能力使这种设备能通过调整抵消并配合伤员的阻抗来给予恰当的治疗。新式低能量双向脉冲除颤波用于自动体外电除颤已显示出极大的优势，它采用固定 150 J 电能，首次除颤成功率为 89%，三次内重复除颤成功率达 97%。

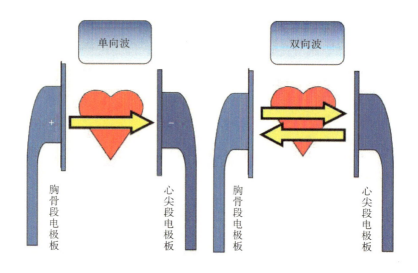

图2-4-3 单向波、双向波形除颤仪

二、手动除颤仪的使用

1. 手动除颤仪

1)组成及部件

手动除颤仪由蓄电、放电控制、能量显示器、心电监护仪、系统控制五部分组成,如图2-4-4所示。

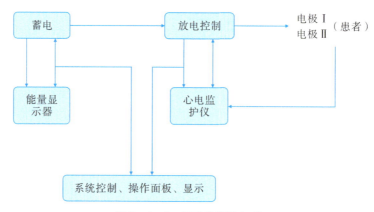

图2-4-4 手动除颤仪组成

常见手动除颤仪(LIFEPAK-20型)有主机、电源线、心电监护导联线、正负电极板等部件,如图2-4-5所示。

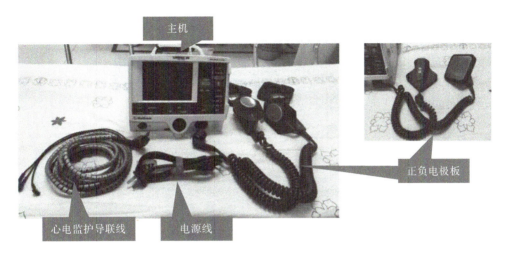

图 2-4-5 手动除颤仪部件

2）接口及功能按键

手动除颤仪主机接口及功能按键有心电监护导联接口、电极板接口、调节旋钮、电源开关键、选择能量调节键、充电键、放电键、同步除颤按键等，如图 2-4-6 所示。

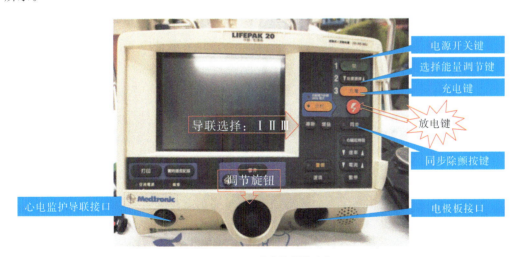

图 2-4-6 手动除颤仪主机

3）电极板

手动除颤仪电极板分为左手持胸骨电极板（放置在左腋中线腋与第 4 肋间）、右手持心尖电极板（放置在右锁骨下胸骨右缘第 2 肋间），其中左右电极板上均有充电按键（黄色）、放电按键（橘色），如图 2-4-7 所示。

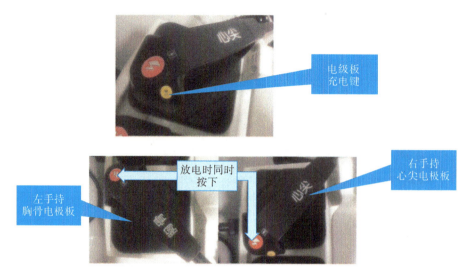

图2-4-7 电极板

2. 手动除颤流程

1)评估伤者病情

评估触电伤员病情状况,评估伤员是否意识消失、颈动脉股动脉搏动消失、呼吸断续或停止、皮肤发绀、心音消失、血压测不出,查看心电图状态及是否有室颤波。

2)操作前准备

(1)除颤仪处于完好备用状态,准备抢救物品,导电胶、电极片、纱布摆放有序。

(2)暴露胸部,清洁监护导联部位皮肤,按电极片,连接导联线。

(3)电除颤时需配备各种抢救和心肺复苏所需要的器械和药品,如氧气、吸引器、气管插管用品、血压和心电监测设备及常规抢救药品等,以备急需。

(4)正确开启除颤仪,调至监护位置,观察显示仪上心电波形,检查确认设备完好、电量充足、连线正常、电极板完好。

(5)报告心律:病人出现室颤,需紧急除颤(准备时间不超过30秒钟)。

3)手动除颤操作

(1)触电伤员准备,伤员平卧于硬板床上,摆放为复苏体位,迅速擦干伤员皮肤,充分暴露胸部。

(2)作心电图及心电监护,完成心电记录后把导联线从心电图机上解除,以免电击损坏心电图机。

(3)选择合适电极板均匀涂抹导电胶,如图2-4-8所示,用生理盐水或清水纱布块清洁病人除颤部位的皮肤。手持电极板时不能面向自己,且电极板与皮肤紧密接触,如图2-4-9所示。

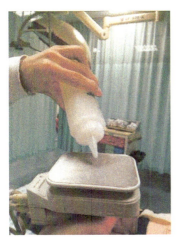 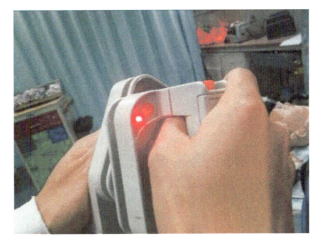

图2-4-8 双电极板均匀涂抹导电胶

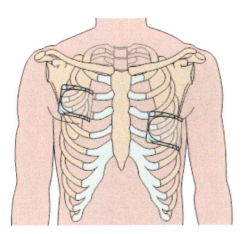 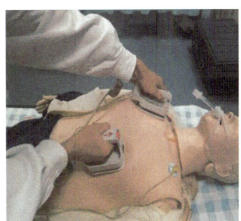

图2-4-9 双电极板放置部位

①负极板安放位置：左腋中线腋与第4肋间（心尖部）。

②正极板安放位置：右锁骨下胸骨右缘第2肋间（心底部）。

(4)选择非同步电复律，确认电复律状态为非同步方式。

(5)选择合适的能量。

①单向波形除颤仪成人一般选择300~360 J，小儿每千克体重2 J。

②双向波形除颤仪成人一般选择150~200 J，小儿每千克体重2 J。

(6)充电，充电前嘱咐其他人员不得接触伤员及与伤员相连接的仪器设备，以免触电，然后按下充电开关，屏幕显示到预定能量即为充满。

(7)充电完毕后，将2个电极按上图2-4-9所示，正确放在伤员皮肤处，并施以5千克压力使电极板与伤员皮肤接触完好，双手大拇指同时按下电极板上的放电键，如

图 2-4-10 所示。

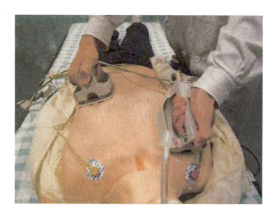

图 2-4-10　按压双电板放电按钮进行除颤

(8)除颤完毕,马上进行持续胸外按压(心肺复苏),如图 2-4-11 所示。以触发窦房结重新正常放电,5个循环后行心电图评估伤员是否转复为窦性心律。

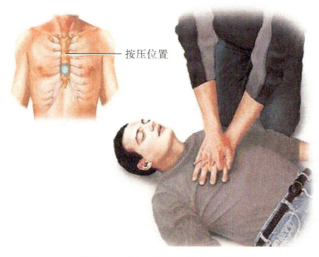

图 2-4-11　按压胸部心肺复苏

(9)如果室颤、室扑等持续出现,复律失败,应重新充电,间隔一定时间后重复上述步骤。

(10)操作完成后,将能量开关回复至零位,协助伤员取舒适卧位,密切观察生命体征变化。

(11)病情观察,继续做好后续治疗。病情稳定后,停用心电监护,取下电极片,擦净皮肤,如图 2-4-12 所示。

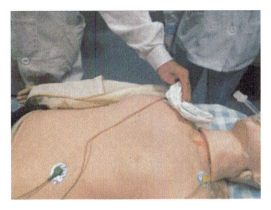

图 2-4-12 擦掉导电胶

(12)手动除颤仪放一旁备用,做好相应记录,注意保暖及伤员隐私,整理伤员衣物,如图 2-4-13 所示。

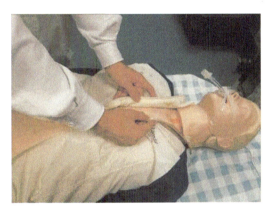

图 2-4-13 整理伤员衣物

4)电除颤注意事项

(1)必须在伤员无知觉时进行除颤。

(2)涂擦导电膏时,避免两个电极板相互摩擦,涂擦应均匀,防止灼伤皮肤。

(3)保持皮肤清洁干燥,避免在皮肤表面形成放电通路,灼伤皮肤。

(4)除颤时,操作者及周围人员不要接触伤员或接触连接伤员的物品,尤其金属物品。

(5)手动除颤仪默认的除颤方式为非同步除颤,需同步除颤时按同步键,如心房颤动、心房扑动、室性心动过速、室上性心动过速。

(6)手动除颤仪用后应保持清洁,擦掉电极板上的导电膏,防止生锈影响除颤功能。

(7)保证除颤仪处于完好备用状态,定点放置,定期检查其性能,及时充电。

三、自动除颤仪的使用

1. 自动除颤仪

自动体外除颤仪又称自动体外电击器、自动电击器、自动除颤器、心脏除颤器等，英文：automated external defibrillator，简写 AED。因为它的使用非常简单方便，可以自动分析伤员心律，使用者即使没有接受过专业的医疗训练，也可以按照使用说明，根据 AED 的语音提示，在伤者心脏停搏紧急的情况下使用。

健康的心脏会进行有规律的跳动，维持全身的血液循环。心搏骤停在很多情况下都是由心室颤动这种致命性的心律失常导致的。这个时候心脏虽然并没有停止跳动，但是却"力道不足"不能为身体各个器官运送血液，一旦时间超过4分钟，就会导致大脑缺氧而造成巨大损伤，甚至死亡。而 AED 除颤仪通过电击除颤，让心跳回到正常频率，恢复相对正常的心率。据统计，使用 AED 心肺复苏的抢救成功率高达 53.5%。

溺水、触电、心肌梗死等各种原因引起的心搏骤停，伤员表现为没有意识、没有呼吸、没有脉搏时，就需要使用 AED。在发生心搏骤停时，一半的伤员需要施行电击，但是所有伤员都需要进行心肺复苏（CPR）。在心搏骤停的情况下，要一直进行胸外按压，在心室颤动心率不正常的情况下需要 AED 的协助。

2. 自动除颤仪的结构及功能

自动除颤仪品牌较多，使用方式和功能基本相同，现以国产品牌 mindray 自动除颤仪为例讲解，如图 2-4-14 所示。

图 2-4-14　mindray 自动除颤仪

1）上部结构及功能

mindray 自动除颤仪的上部结构及功能，如图 2-4-15 所示。

项目二
高压电应急处理与急救

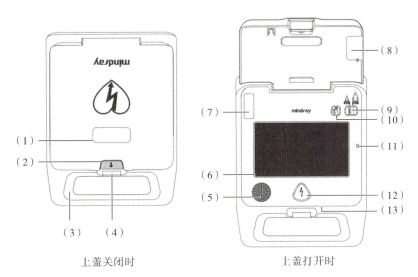

图 2-4-15　mindray 自动除颤仪俯视图

(1)电极片查看窗：查看电极片的失效日期。

(2)上盖锁扣：开关上盖。

(3)手柄。

(4)设备状态指示灯。绿色常亮：设备已开机，可以正常运行。绿色闪烁：设备处于待机状态，可以随时使用。红色闪烁：设备检测到故障。熄灭：没有安装电池或电池故障。

(5)扬声器：设备默认自动调整音量。

(6)显示屏(仅适用于有屏机型)。

(7)电极片接口：连接电极片插头。

(8)电极片仓：存放电极片。

(9)病人选择开关：左右拨动开关可以切换病人类型。

(10)语言切换键：按下此按键切换至所需的提示语言。

(11)光线感应器(仅适用于有屏机型)：设备默认自动调整屏幕亮度。

(12)电击按键(仅适用于半自动机型)：按下此按键来实施电击。

(13)麦克风：用于录音，仅当录音功能开启时可用。

2)下部结构及功能

mindray 自动除颤仪下部结构及功能，如图 2-4-16 所示。

(1)USB 接口：连接 U 盘。

(2)micro USB 接口：连接电脑。

(3)网络接口(仅适用于配置蜂窝移动模块的设备)：连接网络卡。

(4)电池仓：安装电池。

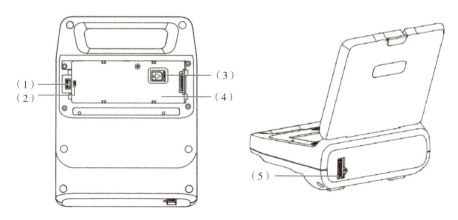

图 2-4-16 mindray 自动除颤仪底视图

（5）多功能接口（仅适用于配置心肺复苏传感器的设备）：连接心肺复苏传感器。

3. 自动除颤仪的使用及注意事项

1）使用概述

检测到伤员身上连接了电极片后，设备自动开始分析伤员的心脏节律。如果探测到了可电击的心律：半自动机型设备需要急救人员按下设备上的电击按键来实施电击，自动机型设备自动对病人实施电击。如果未探测到可电击的心律：设备默认进入 CPR 状态。当设备进入 CPR 状态或电极片的连接出现异常时，设备会停止分析病人的心脏节律。当连接心肺复苏传感器时，本设备提供实时按压质量反馈。

2）注意事项

（1）除颤期间，避免接触病人身体如头部、肢体裸露皮肤部分，或导电液体如盐水、血液、凝胶及床架或担架等金属物体，防止形成除颤电流通路。

（2）设备自动解除能量：设备检测到病人的心律发生了变化，不再适合进行电击；设备检测到电极片异常；半自动机型设备充电完成后，未在设定时间内按下电击按键。

（3）设备进行节律分析时，如果移动病人，或对病人实施 CPR 等操作，可能导致节律分析延迟或失败。

（4）出于安全方面的考虑，某些振幅或频率较低的心脏节律及一些室颤节律可能不会被识别为可电击节律。

（5）在除颤过程中，皮肤和电极片之间的气泡可能会导致病人皮肤灼伤；确保电极片与皮肤完全黏合，以免形成气泡。

（6）不可使用已经拆开包装或过期的电极片。

（7）在病人皮肤上粘贴电极片之前，应避免电极片沾染灰尘或者水，否则将影响除颤功效。

4. 自动除颤流程

1)急救前判断

(1)环境评估。首先对周边的环境进行评估,确保在救治时双方处于安全的环境下,避免伤员遭受二次创伤。

(2)检查伤员应答情况。可以轻拍伤员肩膀并在耳边轻声呼唤,如图2-4-17所示。如果伤员没有回应,进行下一步。

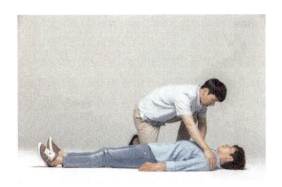

图2-4-17 检查伤员应答情况

(3)呼唤求救。表明自己急救员的身份,让旁边的人员拨打120,寻求医疗救援,寻找除颤仪(AED),如图2-4-18所示。

图2-4-18 呼唤求救

(4)检查呼吸。将耳朵置于伤员口鼻上方,眼睛看向胸部,观察、聆听、感觉伤员是否有呼吸(该举动不应超过10秒)。如果伤员没有呼吸,立刻派人取AED同时施救者开始胸外按压。

2)自动除颤操作

(1)开机。打开设备上盖,如图2-4-19所示,会听到"已开机",保持镇定,按指示操作。

图 2-4-19 开机

(2)选择模式。左右拨动模式选择开关,如图 2-4-20 所示。

①成人模式:8 岁及以上,或体重 25 kg 及以上,会听到"成人模式"。

②小儿模式:8 岁以下,或体重 25 kg 以下,会听到"小儿模式"。

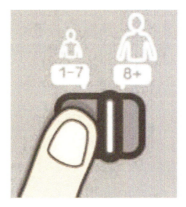

图 2-4-20 选择模式

(3)预备伤员。解开预备病人衣物。将患者胸前的衣物揭开,如图 2-4-21 所示,让皮肤保持干燥,检查去除电极连接处的首饰或其他饰物;擦干电极位置,必要时剃除过多的毛发。会听到"解开病人胸部衣服,按图示粘贴电极片"。

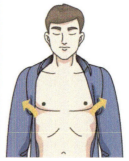

图 2-4-21 预备伤员

（4）安放电极片。从 AED 的电极存放槽取出电极包装袋，撕开包装袋。揭下电极保护膜，检查电极，确认无损坏及是否有足够黏度可以粘贴在病人身上。将电极的黏性面正对患者的皮肤粘贴，按照电极片上的指示贴附电极片，如图 2-4-22 所示。这种粘贴方式是为了使电流作用发挥到最大，保证除颤效果。会听到"按图示粘贴电极片"。

①蓝色（心尖）电极片：按图示将蓝色电极片贴附在蓝色区域（左乳下方）。

②红色（胸骨）电极片：按图示将红色电极片贴附在红色区域（锁骨下，胸骨右侧）。

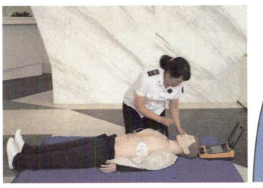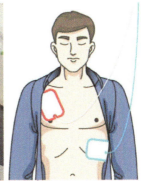

图 2-4-22　安放电极片

（5）分析心律。AED 除颤仪会自动检查电极是否正确连接到患者，获取的信号是否充分。在这期间请勿接触或移动病人，等待设备分析心律，如图 2-4-23 所示。会听到"不要触碰病人，正在分析"。

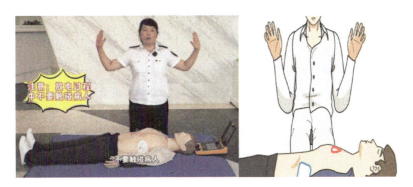

图 2-4-23　等待设备分析心律

（6）实施电击。如果 AED 分析信号后确定病人需要进行电击，会自动充电为电击作好准备。不要触碰病人，在设定时间内按下闪烁的电击按键，如图 2-4-24 所示。会听到"建议电击，按下闪烁的按钮"。在整个电击过程中，AED 会不断地返回分析是否需要电击。如果不需要电击，AED 会提示操作者进行 CPR。只要操作者停止 CPR，

AED将立即自动分析患者心律，转入心律分析模式。

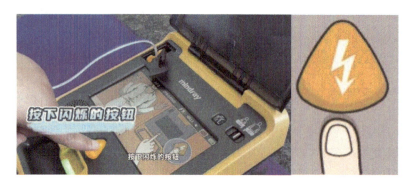

图 2-4-24　实施电击

(7)实施 CPR。根据提示实施 CPR，如图 2-4-25 所示，语音提示电击结束后，需要进行 1 分钟 CPR，在这个过程中，AED 不会监测病人的心率，CPR 结束后，AED 会继续进行心率监测。

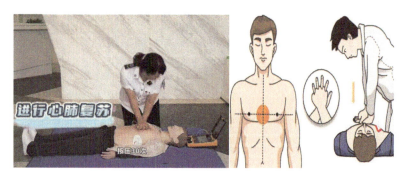

图 2-4-25　实施 CPR

①如果 CPR 时间到，重复步骤(5)分析心律。
②如果病人苏醒，请密切观察并等待医疗急救人员的到来。

课程启迪

在一次触电急救的培训过程中，某位学员在安放电极片时，不慎将不同颜色的电极片贴错了位置，他立刻按照图示，重新粘贴电极片，再实施电击。

【想一想】你觉得电极片贴错位置，是否能实施电击？为什么？

任务练习

一、选择题

1. 心脏停搏急救流程中抢救伤员生命最关键的一环是（　　）。
   A. 启动 EMSS　　　　　　　　　　B. CPR 胸外按压
   C. 早期除颤　　　　　　　　　　　D. 高级生命支持

2. 除颤治疗时，控制高压继电器动作，将储能电容 C、电感 L 及电阻 R（人体电阻、导线本身电阻、人体与电极的接触电阻三者之和）（　　）接通，使之构成 RLC（　　）谐振衰减振荡电路。
   A. 串联 并联　　B. 串联 串联　　C. 并联 并联　　D. 并联 串联

3. 电除颤仪分类，根据电脉冲电流大小可分为（　　）电除颤和（　　）电除颤。
   A. 直流 交流　　B. 大电流 小电流　　C. 高压 低压　　D. 脉冲 非脉冲

4. 单向波形除颤仪由单极发出电流，电流（　　）流动，从一个电极（　　）流到另一个电极，而电流流经身体的时间由身体的电阻决定。
   A. 双向 单向　　B. 单向 单向　　C. 双向 双向　　D. 单向 双向

5. 手动除颤仪左右电极板上均有（　　）充电按键、（　　）放电按键。
   A. 黄色 橘色　　B. 红色 橘色　　C. 橘色 红色　　D. 绿色 红色

6. 自动除颤仪电极片安放，蓝色（心尖）电极片贴在（　　），红色（胸骨）电极片贴在（　　）。
   A. 右乳下方 锁骨下，胸骨左侧　　　B. 左乳上方 锁骨下，胸骨右侧
   C. 左乳下方 锁骨下，胸骨右侧　　　D. 右乳上方 锁骨下，胸骨左侧

二、判断题

1. 当心肌因种种原因不能同步收缩而代之以蠕动样颤动时，若这种颤动不及时消除，很快会导致心脏停搏，造成人员死亡。（　　）

2. 电击、电伤与电磁场触电伤害，电流通过身体传导至心脏，会导致心脏停搏。（　　）

3. 电除颤是以一定量的电流冲击心脏从而使室颤终止的方法。（　　）

4. 在遇到人员触电事故时，发生心脏停搏，采取直流电除颤法治疗心室颤动，不需要再实施心肺复苏。（　　）

项目三
高压作业安全防护

项目描述

在新能源汽车中，动力电池及相关线路的电压一般为高压电。作为从事一线工作的维修人员，要对高压个人防护用具有着正确的认知，并且会正确地使用个人防护用具，例如高压警示牌、绝缘手套、绝缘鞋、绝缘帽、护目镜、维修工作服。

除此之外，熟练掌握拆装类绝缘工具和检测类绝缘工具的使用（绝缘表、交流钳形表、验电器、放电工装）能够有效地保证自身在作业过程中的安全。

学习目标

1. 知识目标

（1）能够准确认知各种高压个人防护用具。

（2）能够准确认知各种拆装类绝缘工具。

（3）能够准确认知各种检测类绝缘工具。

2. 能力目标

（1）能够正确使用高压个人防护用具。

（2）能够正确使用各种拆装类绝缘工具。

（3）能够正确使用各种检测类绝缘工具。

3. 素养目标

(1) 遵守职业道德，树立正确的价值观。

(2) 崇尚劳动精神，逐步提升服务社会的意识。

(3) 弘扬工匠精神，塑造精益求精的品质。

(4) 培养协同合作的团队精神，自觉维护组织纪律。

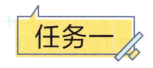

高压个人防护用具的认知与使用

情境重现

与传统燃油汽车相比，新能源汽车具有高压系统，存在高压触电危险。在对高压系统中的高压部件进行维修时，必须采取有效的安全防护措施。如果你被安排去修理一辆新能源汽车，你知道该如何做好个人安全防护吗？

【想一想】作为汽车维修人员，如何通过正确使用高压防护用具确保自身安全作业？

知识导图

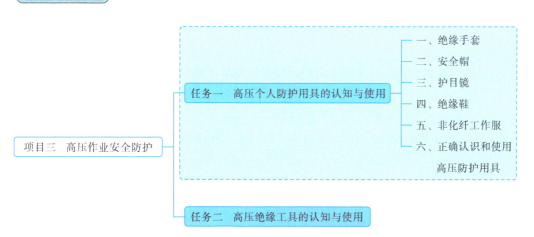

知识详解

一、绝缘手套

1. 绝缘手套功用

绝缘手套又称高压绝缘手套,它是在进行高压部件维修作业时,必须佩戴的安全用具,如图 3-1-1 所示。它一般由天然或合成橡胶制成,可以防止维修人员因手部直接接触带电体而遭到电击,起到对手部进行绝缘防护的作用。

图 3-1-1 绝缘手套

用于新能源汽车维修作业的绝缘手套通常具有两种独立的性能:

(1)具备良好的绝缘性能,在进行高压部件维修作业时,能够承受 1000 V 以上的工作电压;

(2)具备抗酸碱性,当接触来自动力电池的酸性或碱性化学物质时,可防止这些物质对人体造成伤害。

《带电作业用绝缘手套》(GB/T 17622—2008)规定,绝缘手套按照电气性能可分为 5 个级别,即 0 级、1 级、2 级、3 级和 4 级,适用于不同电压等级的绝缘手套如图 3-1-2 所示。

级别	交流电压/V
0	380
1	3000
2	10000
3	20000
4	35000

图 3-1-2 不同级别绝缘手套适用电压等级

在进行新能源汽车维修作业时，要根据被测设备的最大电压值来选择绝缘手套。一般在绝缘手套的内部或外部印有执行标准、试验电压、最大使用电压等参数。

2. 绝缘手套的使用规范

(1)使用绝缘手套前，应进行外观检查，确保其有足够的长度，且表面无老化、毛刺、裂痕、破洞等损伤。另外，还要检查绝缘手套的参数标识、合格证等是否完好，绝缘手套是否在使用有效期内。

(2)使用绝缘手套前，必须进行密封性检查。密封性检查的步骤：先向绝缘手套内部吹入一定的空气(此步骤也可省略)；然后将绝缘手套朝手指方向卷曲，如图3-1-3所示，当将绝缘手套卷到一定程度时，其内部空气因体积压缩而内压增大，绝缘手套膨胀；细心观察其表面有无划痕、裂痕、漏气等情况，若有，则禁止使用该绝缘手套。

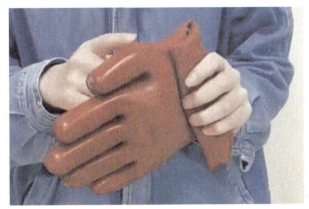

图3-1-3　绝缘手套朝手指方向卷曲

(3)佩戴绝缘手套时，应将衣袖口套入绝缘手套中，以防发生意外。

(4)使用绝缘手套时，不能触碰表面尖利或带刺的物品，以免使绝缘手套受损。

(5)使用绝缘手套后，应将其里外擦洗干净，待充分晾干后涂抹滑石粉，并放置平整，禁止乱放。

(6)不能使绝缘手套与油脂、溶剂接触，避免使绝缘手套受酸性或碱性等化学物质的影响。

(7)不得将合格与不合格的绝缘手套混放在一起，以免使用时造成混乱。

(8)要避免露天存放绝缘手套，避免其受阳光直射，应使其远离热源，储存在干燥通风的地方。

(9)使用绝缘手套6个月后，必须对其进行性能测试，不合格的绝缘手套要停止使用。

二、安全帽

1. 安全帽概述

安全帽是指对人体头部受坠落物或小型飞溅物体等其他特定因素引起的伤害起防护作用的帽子。

安全帽一般由帽壳（由壳体、帽舌、帽檐等组成）、帽衬（由帽箍、吸汗带、顶带、缓冲垫等组成）及配件（如下颏带）等组成，如图 3-1-4 所示。其中，帽壳呈半球形，坚固、光滑并有一定弹性，是承受外界冲击的主力。

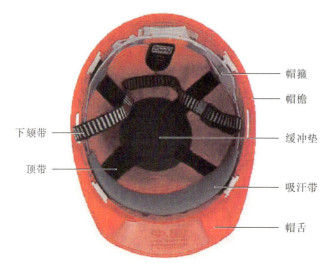

图 3-1-4 安全帽

安全帽可以用来保护头部或减缓外来物体的冲击，将冲击力传递并分散到整个帽壳上，避免打击某一点。帽壳和帽衬之间留有一定空间，可缓冲、分散瞬时冲击力，从而避免或减轻对头部的直接伤害。

按性能的不同，安全帽可分为普通型和特殊型两类。

普通型安全帽用于一般作业场所，具备基本防护性能。

特殊型安全帽除具备基本防护性能外，还具备一项或多项特殊防护性能，如冲击吸收性、耐穿刺性、耐低温性、耐极高温性、侧向刚性、电绝缘性、阻燃性、防静电性等。具有电绝缘性的特殊型安全帽，按耐受电压的大小可分为 G 级和 E 级两种。G 级电绝缘测试电压为 2200 V，E 级电绝缘测试电压为 20 000 V。对新能源汽车进行维修作业时，要佩戴具有电绝缘性的特殊型安全帽。

安全帽有不同的颜色，如红色、蓝色。进行新能源汽车维修作业时，一般操作人员佩戴红色安全帽，监护人员佩戴蓝色安全帽（图 3-1-5）。

图 3-1-5　不同颜色的安全帽

2. 安全帽的使用规范

（1）佩戴安全帽前，应检查其有无裂缝、变形等，确保其完好无损，符合国家有关技术规定。

（2）佩戴安全帽前，应根据自己的头型将帽箍调至合适的位置。人的头顶与壳体内顶部之间的空间垂直距离一般为 25～50 mm，以不小于 30 mm 为宜，这样才能保证在头部遭受冲击时，壳体有足够的空间可供缓冲，也有利于头部和壳体之间的通风。

（3）不要把安全帽带歪，也不要将帽舌戴在后方，以免降低安全帽的防护作用。

（4）系紧下颏带，要松紧适度，以防在工作过程中或外来物体打击时脱落。

（5）有的安全帽除了在顶部安装帽衬外，还开有小孔通风，但在使用时不得为了透气而随意开孔，以免降低安全帽的强度。

（6）若安全帽有问题，则应及时更换。任何受过重击的安全帽，无论有无损坏，都应更换。另外，要避免将有问题的安全帽与正常安全帽混放在一起。

（7）严禁使用只有下颏带与帽壳连接（也就是安全帽内无帽衬）的安全帽。

（8）安全帽不能在酸性、碱性或受化学试剂污染的环境中存放，不能放置在高温、日晒或潮湿的场所中，以免老化变质。

（9）注意安全帽的使用期限，避免将超过使用期限的安全帽与使用期限内的安全帽混放在一起。

（10）不能在安全帽上随意拆卸或添加配件，否则会影响安全帽的防护性能。

三、护目镜

1. 护目镜概述

护目镜（图 3-1-6）的作用是保护眼睛免受紫外线、红外线和微波等电磁波的辐射，防止粉尘、烟尘、砂石碎屑及化学溶液等进入眼睛。在新能源汽车维修作业中，要佩戴护目镜，以防止高压部件产生的电火花对眼睛造成伤害。

图 3-1-6 护目镜

2. 护目镜使用规范

(1) 要选用经产品检验机构检验合格的护目镜。

(2) 护目镜的宽窄和大小要适合使用者的脸型。

(3) 使用前对其进行外观检查，看镜片和镜框有无裂痕、磨损等。镜片和镜框的损坏会影响使用者的视力，应及时调换已损坏的护目镜。防止重摔或重压护目镜，防止坚硬的物体摩擦镜片。

(4) 若需要短暂放置护目镜，则要注意将镜片的凸面朝上放置，以防镜面刮花。

(5) 用完后，要对其进行清洁。为防止在清洁护目镜的过程中，因用力过度而使护目镜受损，要注意用手托住镜框，轻轻擦拭。

(6) 若长时间不用护目镜，则要将其存放在专用眼镜盒内，避免使其与带有腐蚀性的物品接触。

(7) 护目镜要分开保管、专人使用，避免与他人混用，以防传染眼病。

四、绝缘鞋

1. 绝缘鞋概述

在新能源汽车高压部件维修作业中，可能会引发触电危险，绝缘鞋的作用是在高压操作时使人体与地面之间保持绝缘，防止电流通过人体与大地构成回路，对人体造成伤害。因此，在进行维修作业时，必须穿好绝缘鞋（图 3-1-7）。

图 3-1-7 绝缘鞋

绝缘鞋应达到《足部防护安全鞋》(GB 21148—2020)中的各项要求，保护穿着者免受意外事故引起的伤害，具有保护特征，可以保障工作区域安全。

绝缘鞋不仅要有电绝缘性，还应有良好的隔热性、防寒性、抗刺穿性、透气性、耐磨性、防漏性和防滑性等。

绝缘鞋的帮面或鞋底上应有标准号、电绝缘字样(或英文 EH)、闪电标记和耐压数值等。绝缘鞋上还要有名牌，名牌内容包括制造厂名、鞋名、产品名称、生产日期及电绝缘性能出厂检验合格印章。

2. 绝缘鞋的使用规范

(1)绝缘鞋不能当作雨鞋，也不能用普通胶鞋代替。

(2)耐电压 15 kV 及以下的绝缘鞋适用于工频电压 1 kV 及以下的作业环境；耐电压 15 kV 以上的绝缘鞋适用于工频电压 1 kV 以上的作业环境。

(3)使用绝缘鞋前，应先检查鞋面有无划痕、鞋底有无断裂、鞋面是否干燥。

(4)绝缘鞋在运输过程中必须有遮盖物，以防雨淋。

(5)注意绝缘鞋的皮面保养，勤擦鞋油。

(6)绝缘鞋不能与酸性、碱性及尖锐物质等接触，以防腐蚀、变形等。

(7)禁止将合格与不合格的绝缘鞋混放在一起，以免使用时混淆。

(8)应将绝缘鞋存放在干燥、阴凉的专用柜内。一旦绝缘鞋受潮，应将其放在通风、透气、阴凉处使其自然风干，以免绝缘鞋变形、受损。禁止在绝缘鞋上面放置其他物品。

(9)使用绝缘鞋 6 个月后，要对其进行性能测试，不合格的绝缘鞋要停止使用。

五、非化纤工作服

1. 非化纤工作服概述

为防止在新能源汽车维修作业中产生静电，必须穿非化纤工作服(又称高压防护服)。

化纤工作服容易产生静电，并且在发生火灾事故时，化纤会在高温环境下粘连人体皮肤，对维修人员造成严重的二次伤害。另外，非化纤工作服设计简单、规范，能有效减小其卡入车辆缝隙的概率，提高维修作业的安全性。

化纤工作服有连体式和分体式两种，如图 3-1-8 所示。

非化纤工作服应达到《防护服装 防静电服》(GB 12014—2019)中的各项标准，以防静电织物为面料，按规定的款式和结构制成，以减少静电积聚为目的。工作服应有耐久性标签，标签内容包含产品名称、商标(如有)、型号规格、生产厂名称、洗涤方法、织物类型(如机织物、针织物)；应附有合格证，合格证内容包含材料组分、生产厂名称、厂址、联系电话、生产日期、标准号；应附有产品使用说明及有关国家标准或行

(a) 连体式　　　　　　　　(b) 分体式

图 3-1-8　非化纤工作服

业标准规定的应具备的标记或标志。

2. 非化纤工作服的使用规范

（1）不得使用金属附件，若必须使用，则其表面应加掩襟，金属附件不得直接外露。

（2）使用非化纤工作服时，禁止佩戴任何外露物件。

（3）使用非化纤工作服后，要检查其有无破损。

（4）使用非化纤工作服后，要及时清理干净，防止使其长时间黏附污染物，这是因为黏附的污染物会随着时间的推移慢慢地渗透到非化纤工作服内部，难以去除。

（5）非化纤工作服的存放柜要保持洁净，避免异物、尘埃污染非化纤工作服。

六、正确认识和使用高压防护用具

1）正确认识高压防护用具

认识高压防护用具（图 3-1-9），并将对应的名称及其作用填写在实训表格中。

图 3-1-9 各类高压防护用具

2)正确使用高压防护用具

(1)外观检查：

① 检查绝缘手套是否存在老化、粘连情况。对绝缘手套进行密封性检查。

② 检查安全帽是否完好、有无破损。

③ 检查护目镜镜面是否有磨损、镜架是否损坏。

④ 检查绝缘鞋是否有划痕、变形等情况，鞋号是否合适。

⑤ 检查非化纤工作服有无破损。

(2)穿戴高压防护用具。

① 脱掉自己的鞋，穿好非化纤工作服。

② 穿好绝缘鞋，系好鞋带。

③ 佩戴护目镜，并根据自己的佩戴感受调整好护目镜。

④ 戴上非化纤工作服的帽子，拉上拉链。

⑤ 将安全帽按自己的头型调整到合适的位置，正确佩戴。

⑥ 戴好防护手套。

课程启迪

在一次新能源汽车的维修时，某位学员戴着棉布手套就直接准备进行维修，维修技师小王立即阻止了他，并为他佩戴上了绝缘手套。

【想一想】你觉得小王的做法有必要吗？为什么？

任务练习

一、选择题

1. 防止触电的技术措施不包括（　　）。
   A. 戴绝缘手套　　B. 穿绝缘鞋　　C. 穿工作服　　D. 穿防尘服

2. 橡胶制成的电工绝缘手套需要在进行任何有关高电压部件或线路的操作时，可以承受（　　）以上的工作电压。
   A. 500 V　　B. 700 V　　C. 900 V　　D. 1000 V

3. 维修高电压系统时，一定穿（　　）类的工作服。
   A. 非化纤　　B. 化纤　　C. 套在手套外面　　D. 无规定

4. 不属于个人防护用品的是（　　）。
   A. 绝缘鞋　　B. 绝缘手套　　C. 防护眼镜　　D. 护腿板

5. 安全帽有不同的颜色，如红色、蓝色。进行新能源汽车维修作业时，一般操作人员佩戴（　　）安全帽。
   A. 红色　　B. 蓝色　　C. 黄色　　D. 白色

二、判断题

1. 安全帽的帽壳和帽衬之间留有一定空间，可缓冲、分散瞬时冲击力，从而减轻或避免对头部的直接伤害。（　　）

2. 绝缘手套要求具有良好的电气性能、较高的机械性能，并具有柔软良好的使用性能。（　　）

3. 使用中的绝缘手套每6个月进行一次交流耐压试验。（　　）

4. 护目镜镜片和镜框的损坏会影响使用者的视力。（　　）

5. 护目镜可以与他人混用。（　　）

6. 化纤工作服不容易产生静电。（　　）

7. 操作人员上岗不得佩戴金属饰物，工作服衣袋内不得有金属物件。（　　）

8. 化纤工作服也称防护服。（　　）

9. 经受过一次激烈冲击的安全帽应作废、不能再次使用。（　　）

10. 绝缘手套要求柔韧性强，接触感好，要确保手指操作的灵活性。（　　）

高压绝缘工具的认知与使用

情境重现

小张到一家汽车维修店当学徒,由于小张没有学过相关技术,因此汽车维修店老板为他安排了一名师傅。一天,小张的师傅接了一辆车,准备对这辆车进行维修,于是就让小张将工具车推了过来。小张看见工具车里有许多新工具都不认识,非常好奇。

【想一想】假如你是小张的师傅,你将如何向小张介绍这些工具呢?

知识导图

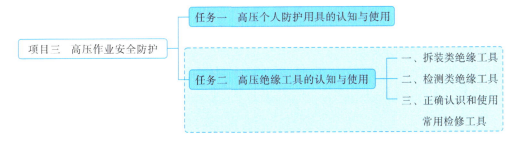

知识详解

一、拆装类绝缘工具

1. 拆装绝缘工具概述

绝缘工具是一种采用绝缘材料进行加工并适用于电气系统拆装等操作的手工工具,如图 3-2-1 所示。

图 3-2-1 拆装等操作的手工工具

拆装绝缘工具一般可在额定电压 AC 1000 V 和 DC 1500 V 的带电(或近电)工件、器件上进行维修作业。新能源汽车所涉及高压部件的拆装必须使用绝缘工具。绝缘工具与常规非绝缘工具在使用方法上相同,其表面通常采用醒目的双色手柄,且手柄必须采用耐高压、耐燃材料。

2. 拆装绝缘工具的类型

绝缘工具主要包括扳手、钳子、螺丝刀、电工刀等。钳子主要有尖嘴钳、斜嘴钳、钢丝钳等;扳手主要有开口扳手、梅花扳手、套筒扳手、棘轮扳手等;螺丝刀主要有一字螺丝刀、十字螺丝刀等。

选用绝缘工具时,应选择符合行业标准《带电作业工具、装置和设备预防性试验规程》(DL/T 976—2017)的产品,或选用具有世界范围权威品质认证标识(如德国电气工程师协会 VDE 认证标识,如图 3-2-2 所示),且经过高压测试,耐压等级符合《交流1 kV、直流 1.5 kV 及以下电压等级带电作业用绝缘手工工具》(GB/T 18269—2008)的产品。

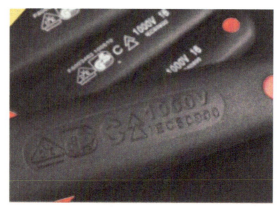

图 3-2-2 德国电气工程师协会 VDE 认证标识

3. 拆装绝缘工具的使用规范

（1）进行带电作业时，手不可触及绝缘工具的金属部分，以免发生触电事故。

（2）绝缘工具不可粘有油污，这样会腐蚀其绝缘层，若粘上油污，要及时将油污擦除。

（3）绝缘工具不可长时间置于阳光下暴晒，这样会加剧其绝缘层老化。

（4）绝缘工具掉入水中后，需要进行烘干处理，在检查无任何表面损伤后方可使用。

（5）绝缘工具应分类放置、排放整齐、妥善保管，否则会缩短使用寿命。

（6）绝缘工具要放置在远离辐射源的地方，避免使其绝缘层受损。

二、检测类绝缘工具

绝缘检测在新能源汽车维修作业中是一个非常重要的环节，常用的检测仪表包括绝缘电阻表、数字测试绝缘表、钳形电流表等。

1. 绝缘电阻表

绝缘电阻表又称绝缘电阻测试仪，是一种电工常用的测量仪表，以兆欧（MΩ）为单位，故又称兆欧表。

绝缘电阻表主要用来测量电气设备或电气线路对地及相间的绝缘电阻，以保证这些电气设备或电气线路处于正常工作状态，避免发生触电伤亡及设备损坏等事故。

绝缘电阻表的种类很多，但其作用大致相同，下面以手摇绝缘电阻表（俗称摇表）为例，介绍其结构、选用、操作步骤、使用规范等。

1）绝缘电阻表的结构

绝缘电阻表主要由手摇发电机、表头和三个接线柱（L、E、G）组成，如图3-2-3所示。手摇发电机用来产生高压电；表头的标度尺单位为兆欧；L端为接线端，E端为接地端，G端为屏蔽端（也叫保护环）。

图 3-2-3 绝缘电阻表结构图

2)绝缘电阻表的选用

绝缘电阻表的额定电压有 500 V、1000 V、2500 V 等几种,量程有 0～500 MΩ、0～1000 MΩ、0～2500 MΩ 等几种。测量时,可根据被测设备的额定电压或绝缘电阻表的量程来选用绝缘电阻表。

(1)可根据被测设备的额定电压来选用绝缘电阻。

无论是 500 V 还是 2500 V 的绝缘电阻表,匀速摇手摇柄(约 120 r/min),指针会稳定在表盘的某个位置,根据指针指向的位置,可以正确读出被测设备的绝缘电阻。

(2)可根据绝缘电阻表的量程来选用绝缘电阻表。

在绝缘电阻表的规定量程(0～2500 MΩ)内,表头刻度线上标有两个小黑点,它们之间的区域为准确测量区域。在选用绝缘电阻表时,应依据绝缘电阻表的量程,使被测设备的标称绝缘电阻值在准确测量区域内(图 3-2-4)。

图 3-2-4 绝缘电阻表量程图

3)绝缘电阻表的操作步骤

(1)准备工作。

在使用绝缘电阻表之前,要先检查其是否处于正常工作状态。先将绝缘电阻表放在平稳、牢固的地方,然后进行开路试验和短路试验。

开路试验:在绝缘电阻表未接通被测设备之前,摇动手摇柄,使手摇发电机达到 120 r/min 的额定转速,观察指针是否指在"∞"的位置,如果是,则绝缘电阻表正常,如图 3-2-5 所示。

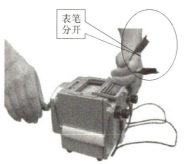

图 3-2-5 绝缘电阻表表笔分开

短路试验：将 L 端和 E 端的表笔短接，缓慢摇动手摇柄，观察指针是否指在"0"的位置，如果是，则绝缘电阻表正常，如图 3-2-6 所示。

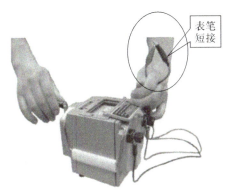

图 3-2-6 绝缘电阻表表笔短接

测量前，应切断被测设备及回路的电源，并对相关元件进行临时接地放电，不能对被测设备进行带电测量，以保障人身和设备的安全。

（2）测量工作。

① 测量回路对地电阻时，L 端与回路的裸露导体连接，E 端连接接地线或金属外壳；测量回路的绝缘电阻时，回路的首端与尾端分别与 L 端、E 端连接；测量电缆的绝缘电阻时，为防止电缆表面泄漏电流，对测量精度产生影响，应将电缆的屏蔽层接至 G 端。

② 按顺时针方向摇动手摇柄，使速度逐渐增至 120 r/min 左右，待指针稳定后读数。

4）绝缘电阻表的使用规范

被测设备表面要保持清洁干净，以减少接触电阻，确保测量结果的正确性。使用绝缘电阻表时，必须将其水平放在平稳、牢固的地方，以免在摇动手摇柄时因抖动和倾斜而产生测量误差。摇动手摇柄时，不能用手接触绝缘电阻表的接线柱和被测回路，以防触电。摇动手摇柄后，各接线柱之间不能短接，以免损坏绝缘电阻表。

2. 数字测试绝缘表

数字测试绝缘表是一种由电池供电的绝缘测试仪，它可以测试交流/直流电压、绝缘电阻等。下面以 Fluke 1508 数字测试绝缘表为例，来介绍其结构、操作步骤和使用规范。

1）数字测试绝缘表的结构

如图 3-2-7 所示为 Fluke 1508 数字测试绝缘表，它主要由 LED 显示屏、旋转开关、按钮和指示灯、输入口等组成，相应的功能说明如表 3-2-1 所示。

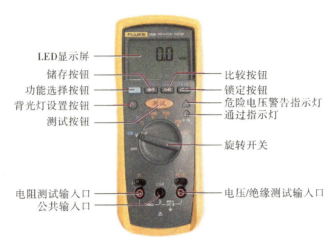

图 3-2-7 数字测试绝缘表结构图

表 3-2-1 数字测试绝缘表功能说明表

按钮和指示灯	功能说明
功能选择按钮	通过按此蓝色按钮来选择其他测试功能
调用/储存	(1)保存上一次绝缘电阻或接地耦合电阻的测试结果； (2)检索保存在内存中的测试结果
PI/DAR 比较	(1)为数字测试绝缘表设定通过/失败比较限值； (2)进行极化指数或介电吸收比测试
清除/锁定	(1)绝缘测试或电阻测试被锁定； (2)清除所有内在内容
背光灯	打开或关闭背光灯。不使用数字测试绝缘表时，背光灯会在 2 min 后自动熄灭
测试	控制测试工作的开始和停止
⚠	表示在输入口检测到 30 V 或更高电压
〇 合格	表示绝缘电阻测试值大于所选的比较限值

· 96 ·

2)数字测试绝缘表的操作步骤

(1)测试电压:测试方法如图 3-2-8 所示,具体操作步骤如下。

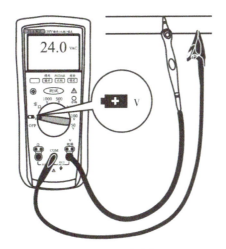

图 3-2-8 测试电压

① 将表笔的接线端插入电压/绝缘测试输入口和公共输入口。
② 将旋转开关转至+V 位置。
③ 将表笔与待测电路连接。
④ 按下测试按钮开始测试,看 LED 显示屏读数即可。

(2)测试接地耦合电阻:测试方法如图 3-2-9 所示,具体操作步骤如下。

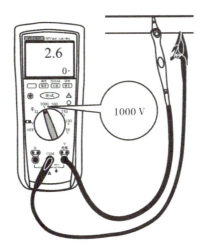

图 3-2-9 测试接地耦合电阻

① 将表笔的接线端插入电阻测试输入口和公共输入口。
② 将旋转开关转至"零 Ω"位置。

③ 将两个表笔短接并按住蓝色按钮，直到 LED 显示屏出现短划线符号为止。

④ 将表笔与待测电路连接。

⑤ 按下测试按钮开始测试，看 LED 显示屏读数即可。

（3）测试绝缘电阻：测试方法如图 3-2-10 所示，具体操作步骤如下。

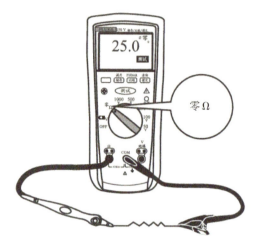

图 3-2-10　测试绝缘电阻

① 将表笔的接线端插入电压/绝缘测试输入口和公共输入口。

② 调节旋转开关，选择所需要的测试电压等级。

③ 将表笔与待测电路连接。

（4）测试极化指数及介电吸收比：测试方法如图 3-2-11 所示。

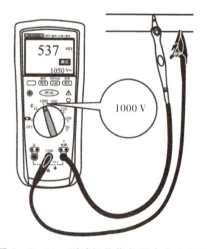

图 3-2-11　测试极化指数及介电吸收比

具体操作步骤如下。

① 将表笔的接线端插入电压/绝缘测试输入口和公共输入口。

② 调节旋转开关，选择所需要的测试电压等级。

③ 按下功能选择按钮和比较按钮。

④ 将表笔与待测电路连接。

⑤ 按下测试按钮开始测试，看 LED 显示屏读数即可。

3）数字测试绝缘表的使用规范

测试电阻、二极管等器件之前，必须先切断电源，并将所有的高压电容放电。在将数字测试绝缘表与被测电路连接之前，一定要选择正确的输入口和旋转开关挡位。因为高压部件内部一般有电容存在，所以严禁测试其端子之间的绝缘电阻。绝缘电阻测试需要保持 1 min，待数值稳定后再结束测试。

3. 钳形电流表

用普通的电流表测量电路中的电流时，必须切断电路、接入电流表才能测量。但是，有时实际中往往不允许随意切断电路接入电流表，于是钳形电流表便应运而生（图 3-2-12）。接下来主要介绍钳形电流表的结构、操作步骤和使用规范。

图 3-2-12 钳形电流表

1）钳形电流表的结构（图 3-2-13）

钳形电流表又称数字式电流钳，是由电流表和电流互感器组合而成的。电流互感器的钳头被制成活动开口，且呈钳形，故名钳形电流表。

捏紧钳口开关时钳口张开，将导线置于钳口中央，然后松开钳口开关，钳口闭合。被测的导线相当于电流互感器的一次线圈，绕在钳头上的线圈相当于电流互感器的二次线圈,于是二次线圈便感应出电流,与二次线圈相连的电流表便显示读数。

图 3-2-13　钳形电流表结构图

钳形电流表可以在不切断电路、不影响设备运行的情况下,直接测量导线中的电流,这是钳形电流表最大的特点。它使用起来非常方便且便于携带,被广泛应用。新能源汽车维修作业中经常需要测量导线中的电流,对此必须使用钳形电流表进行间接测量。

2)钳形电流表的操作步骤

打开钳形电流表,观察 LED 显示屏的读数是否为零,若读数不为零,则进行调零。将旋转开关转至合适的量程挡位。捏紧钳口开关以使钳口张开,使导线穿过钳口,置于钳口中央,然后松开钳口开关,待 1 min 后即可查看 LED 显示屏并读数。测量完毕后取下钳形电流表,将旋转开关放在最大量程处,最后关闭钳形电流表。

3)钳形电流表的使用规范

测量前,要佩戴绝缘手套,穿绝缘鞋,并站在绝缘垫上,双手不得触碰其他设备,以防短路或接地。被测电路的电流不能超过钳形电流表上所标明的数值,否则容易造成接地事故或引发触电事故。测量前,应估计被测电流的大小,选择合适的量程,若无法估计电流大小,则应先选择最大量程,再逐级减小量程。需要转换量程时,应先取下钳形电流表,转换量程后再重新测量,严禁在测量时转换量程。

三、正确认识和使用常用检修工具

1. 正确认识常用检修工具

认识新能源汽车的常用检修工具(3-2-14),并将对应的名称及其作用填写在表格中。

图 3-2-14　常用检修工具

2. 正确使用常用检修工具

正确使用绝缘电阻表、数字测试绝缘表、钳形电流表和故障诊断仪等工具测量被测设备的电阻、电流等。下面以钳形电流表为例,测量新能源汽车驱动电机三相线束的电流。

(1)测试前,做好高压安全防护措施。

(2)打开钳形电流表,观察 LED 显示屏的读数是否为零,若读数不为零,则进行调零。

(3)将旋转开关转至 600 A 量程挡位。

(4)捏紧钳口开关以使钳口张开,使驱动电机的 W 相线束穿过钳头,置于钳口中央,然后松开钳口开关。

(5)启动车辆,踩下加速踏板,待 1 min 后即可查看 LED 显示屏并读数。

(6)采取与(4)(5)相同的方法,读取并记录驱动电机的 U 相线束、V 相线束的电流值。

(7)测量完毕后,将旋转开关拨至最大量程处,最后关闭钳形电流表。

课程启迪

维修技师小陈每次进行新能源汽车的维修和保养工作之前,都会检查绝缘工具、铺设绝缘垫、佩戴绝缘手套等防护装备。同事小张对此不屑一顾,认为小陈多此一举,尤其是天气闷热的时候,穿着绝缘防护装备多不舒服啊,而且维修完了之后还要脱装备和保养,又要浪费很多时间。

【想一想】小张的想法正确吗?

任务练习

一、选择题

1. 安全电压为不高于(　　)。
   A. 36 V　　　　B. 24 V　　　　C. 12 V　　　　D. 6 V

2. 在较短时间内危及生命的电流称为致命电流，致命电流为(　　)。
   A. 30 mA　　　B. 50 mA　　　C. 10 mA　　　D. 5 mA

3. 佩戴绝缘手套进行操作时，应将外衣袖口(　　)。
   A. 装入绝缘手套中　　B. 卷上去　　C. 套在手套外面　　D. 无规定

4. 警示牌应该用(　　)制成。
   A. 绝缘材料　　　B. 铜材　　　C. 铁材　　　D. 铝合金

5. 试电笔不可用来(　　)。
   A. 判断有无电　　　　　　　　B. 区别相线和中性线
   C. 判断电压高低　　　　　　　D. 判断电流大小

二、判断题

1. 抢救高压触电者脱离电源时，一般的绝缘物对救护人员来说不能保证人身安全。(　　)

2. 高压设备的基本绝缘安全用具包括绝缘杆、绝缘手套、绝缘夹钳、高压试电笔。(　　)

3. 在使用安全用具时，应该对安全用具进行详细检查。(　　)

4. 绝缘鞋、绝缘靴都属于低压基本安全用工具。(　　)

5. 高压用电必须戴绝缘手套、户外验电必须穿绝缘靴。(　　)

6. 使用钳形电流表测量电流时，不需要佩戴绝缘手套、穿绝缘鞋。(　　)

7. 数字测试绝缘表测试电阻、二极管等器件之前，必须先切断电源，并将所有的高压电容放电。(　　)

8. 绝缘电阻表主要用来测量电气设备或电气线路之间电压的大小。(　　)

9. 绝缘工具不可长时间置于阳光下暴晒，这样会加剧其绝缘层老化。(　　)

10. 绝缘鞋不能当作雨鞋，也不能用普通胶鞋代替。(　　)

项目四
新能源汽车高压安全

项目描述

自从19世纪中期人类发明汽车以来,汽车技术得到了长足的发展,更是成了我们当今社会中不可缺少的一种重要交通工具。最近几年,新能源汽车不断地问世,也取得了不小的反响。但是相比于传统能源汽车,新能源汽车动辄几百伏的高压使人们对其电气高压安全性产生了一定的顾虑,担心处处是高压,万一触电怎么办。一些汽车维修行业的从业人员都对新能源汽车望而却步。其实新能源汽车的安全性同样也是国家及汽车生产企业非常关注的,在行业还没成长起来之前,国家就已经制定了《电动汽车安全要求》(GB 18384—2020)等一系列标准,确保车辆的使用和维护过程中的高压安全。因此学习新能源汽车高压安全技术,摸清新能源汽车的"脾气",能够帮助我们更好地完成维修保养工作,成为一个为社会做出自己贡献的技术能手。

学习目标

1. 知识目标

(1)能够描述新能源汽车高压连接器的基本结构。

(2)能够简述新能源汽车高压电器的分布情况。

(3)能够描述新能源汽车的高压安全设计。

2. 能力目标

(1)能够识别新能源汽车的高压部件。

(2)能够找出新能源汽车高压电器的位置。

（3）能够找到新能源汽车的高压动力线束并介绍其内部结构。

3. 素养目标

（1）遵守职业道德，树立正确的价值观。

（2）崇尚劳动精神，逐步提升服务社会的意识。

（3）弘扬工匠精神，塑造精益求精的品质。

（4）培养协同合作的团队精神，自觉维护组织纪律。

高压部件的识别

情境重现

与传统燃油汽车相比，新能源汽车具有高压系统，维修带有高电压的新能源汽车之前，必须正确认识车辆上哪些部件具有高压。如果你被安排去修理一辆新能源汽车，你知道车辆上哪些部件是危险的吗？

【想一想】作为汽车维修人员，如何在维修过程中正确识别高压部件的位置呢？

知识导图

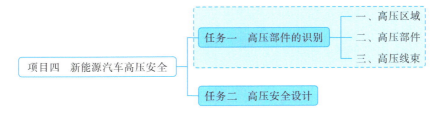

知识详解

一、高压区域

在新能源汽车有可能发生触电的区域设置警告标识，有时为了强调其危险性还会在标识旁边添加一些警告文字。贴有这些标记的地方包括高压线缆、高压蓄电池、电子元件、变速箱及空调压缩机等高压组件，如图4-1-1所示。

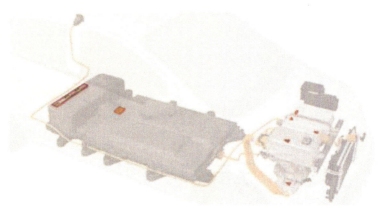

图 4-1-1 高压标识位置分布图

新能源汽车的高压标识都分布在其高压部件上,同时高压回路部分的电线和接头都采用橙色以方便辨别。

二、高压部件

1. 高压部件的安装位置

新能源汽车的电压部件主要集中在以下几个位置(图 4-1-2):

(1)驱动系统,包括动力电池和三相电动机,以及电动机驱动控制器和逆变器。

(2)空调与加热系统,包括高压电驱动的压缩机,高压的 PTC 加热器。

(3)充电系统,包括为动力电池充电的车载充电器和充电接口。

(4)电源系统,主要是 DC/DC 变换器。

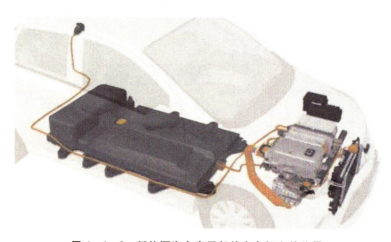

图 4-1-2 新能源汽车高压部件在车辆上的位置

2. 高压部件安装位置的特点

（1）高压部件主要集中在整体式车身的外部，除了少数的混合动力汽车动力电池安装在车辆后部位置外，大多数车辆的动力电池、逆变器等都布置在乘客舱外部，而且高压导线也是沿着底盘外布置的。

（2）高压部件都具有明显的橙色标识，或者在部件的醒目位置粘贴有高压标识。

3. 高压标识位置

（1）驱动电机内部具有高压的部件位置如图4-1-3所示。当电机运行时，位于电动机的高压电缆、插头，以及定子绕组上均会存在交流高电压。在电动机外壳上也有高压标识，如图4-1-4所示。

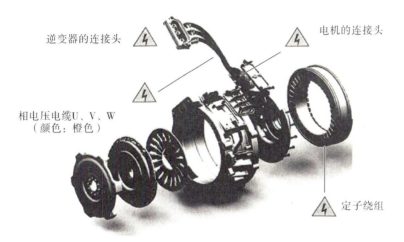

图4-1-3 驱动电机高压位置

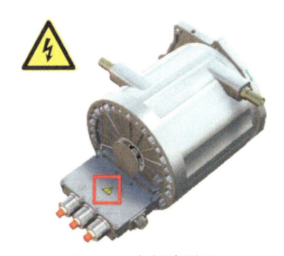

图4-1-4 电动机高压标识

新能源汽车电学基础与**高压安全**

新能源汽车中的电动驱动装置功率较高,所用电动机以较强的磁场工作。这种磁场由永久磁铁或电磁铁产生,即使高电压系统或电动机已关闭,磁场也会始终存在,尤其是永久磁铁产生的磁场。这些磁场可能影响医疗电子设备的功能,尤其是心脏起搏器的功能,为了指明这种危害,电动机带有禁止标志,如图4-1-5所示。

图4-1-5 电动机上的禁止标志

(2)驱动电机控制器上的高压电警告标识如图4-1-6所示。

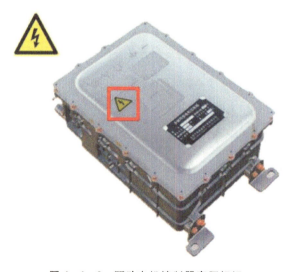

图4-1-6 驱动电机控制器高压标识

(3)高压控制盒上的高压电警告标识如图4-1-7所示。

图 4-1-7 高压控制盒高压标识

(4)DC/DC 变换器上的高压电警告标识如图 4-1-8 所示。

图 4-1-8 DC/DC 变换器高压标识

(5)车载充电机的高压电警告标识如图 4-1-9 所示。

图 4-1-9 车载充电机高压标识

（6）新能源汽车的空调压缩机需要消耗大量能量，因此空调压缩机是由电动机来驱动的。电动机可采用三相异步电动机，这相当于在空调压缩机中集合了直流/交流逆变器。

高压压缩机高电压的主要位置如图4-1-10所示。高压压缩机在运行时，位于压缩机上的高压电缆接口、高压连接电缆及压缩机本身均具有高电压。

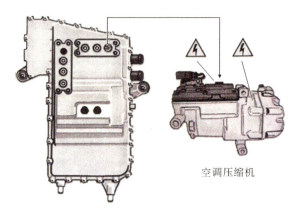

图4-1-10　高压压缩机高压标识位置

（7）充电桩和充电手柄的高压电警告标识。充电的新能源汽车，充电桩和充电手柄上具有高电压。需要注意的是，出于对车主的安全考虑，当前的充电桩和充电接口，在车辆未充电时，系统内部都会自动断开电路循环，也就是说未正式充电前，充电桩和接口是安全的，图4-1-11是充电与充电接口高压位置。

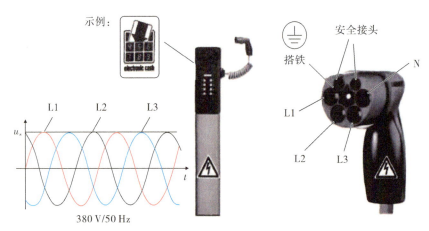

图4-1-11　充电桩与充电接口的高压位置

（8）动力电池组上的高压电警告标示，如图4-1-12所示。

图 4-1-12 动力电池组高压标识

三、高压线束

1. 整车高压线束

在新能源汽车上高压线束（高压线缆和插接件）是极其重要的元器件，在整车、充电设施上均有应用。整车高压线束分布如图 4-1-13 所示。

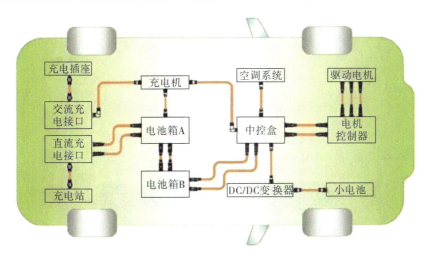

图 4-1-13 整车高压线束分布

2. 动力电池高压线缆

动力电池高压线缆又称高压直流母线，是连接动力电池和车载充电器分线盒的橙色线缆，如图 4-1-14 所示。

图 4-1-14 动力电池高压线缆

3. 电机控制器线缆

电机控制器线缆是连接车载充电机分线盒和电机控制器的橙色线缆，如图 4-1-15 所示。

图 4-1-15 电机控制器线缆

4. 电机三相交流动力线缆

电机三相交流动力线是连接电机控制器和驱动电机的橙色线缆，如图 4-1-16 所示。

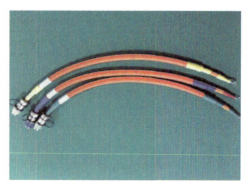

图 4-1-16 电机三相交流动力线缆

5. 高压附件线束

高压附件线束是连接车载充电器分线盒和空调压缩机、空调 PTC 的橙色线束，如图 4-1-17 所示。

图 4-1-17 高压附件线束

6. 充电线束

充电线束分为慢充线束和快充线束，慢充线束是连接慢充口和车载充电器分线盒的橙色线束，如图 4-1-18 所示，快充线束是连接快充口和动力电池的橙色线束。

图 4-1-18 充电线束

课程启迪

维修技师张师傅每次维修车的时候，如果是之前没修过的车型，都会找出车辆的维修手册，仔细核对高压部件和线束的位置，再开始进行维护或维修操作。他的徒弟小陈觉得师傅这样做太浪费时间了，只要维修有故障的地方就可以了。张师傅向小陈解释道："现在新能源汽车技术更新快，不同车型的结构可能有很大的不同，只有不断学习，才能跟得上时代的步伐。"

【想一想】你觉得张师傅的做法对吗？你能说出几款市面在售车型的驱动电机的种类吗？

任务练习

一、选择题

1. ( )是新能源汽车高压部件。

A. 动力电池、驱动电机及控制器

B. 驱动电机及控制器、车窗电动机、高压压缩机

C. 高压附属部件、雨刮电机

D. 车窗电动机、驱动电机及控制器

2. 动力电池的高电压具有的特点是( )。

A. 一直持续有高电压

B. 关闭点火开关后高压消失

C. 高压仅有 25 V 左右

D. 高压标志上贴有蓝色警示标识

3. 驱动电机高电压具有的特点是( )。

A. 一直持续有高电压

B. 只有运行时才具有高电压

C. 高压仅有 25 V 左右

D. 不存在磁场对身体的影响

4. 新能源汽车上高压导线的颜色是( )。

A. 灰色　　　　　　B. 橙色　　　　　　C. 蓝色　　　　　　D. 红色

5. 新能源汽车的驱动系统包括( )。

A. 动力电池和充电接口

B. 驱动电机和高压电驱动的压缩机

C. 动力电池和驱动电机、电动机驱动控制器和逆变器

D. 动力电池、电动机驱动控制器和逆变器、驱动电机和充电接口

二、判断题

1. 用于连接高压部件之间的导线也属于高电压部件。　　　　　　　　　　( )

2. 大多数车辆动力蓄电池、逆变器等都布置在乘客舱内部。　　　　　　　( )

3. 新能源汽车充电系统部件仅在车辆充电期间存在高电压。　　　　　　　( )

4. 当电动机运行时,高压电缆、插头,以及定子绕组上均会存在直流高电压。

( )

5. 充电桩和充电接口,在车辆未充电时,系统内部都会自动断开电路循环。 ( )

高压安全设计

情境重现

小王来到 4S 店,在与销售人员交谈时,小王表示自己很想买一辆电动汽车但是又害怕电动汽车隐藏的高压安全隐患问题和高压电伤害问题,这让他觉得非常担忧。

【想一想】作为汽车维修人员,你知道电动汽车上有哪些高压安全设计吗?

知识导图

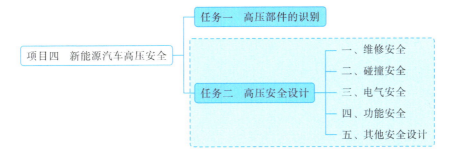

知识详解

一、维修安全

维修安全主要包含传统内燃机汽车的维修安全和针对新能源汽车的特殊维修安全。新能源汽车的维修安全主要是防止高压触电。因此,维修人员在对高电压类型汽车进行操作之前应当保证不会有触电风险,为此大多数汽车在系统上设计有维修开关,如图 4-2-1 所示,当断开维修开关时,动力蓄电池的动力输出立即中断。在断开电池的动力输出后，需等待 5 min 才能接触高压部件。

图 4-2-1　不同汽车的维修开关

二、碰撞安全

在新能源汽车设计中，当车辆发生碰撞时，车辆的安全系统应当在碰撞过程中及碰撞后都要保证相关人员的人身安全。对于新能源汽车，除了传统汽车的相关保护需求之外，还应当满足以下要求：①碰撞过程中避免乘员和行人遭受触电风险，在保证人员安全的情况下尽量保护关键零部件不受损害。②碰撞后保证维修和救援人员没有触电风险。为此有些车辆设计有电路，将惯性开关串联到高压接触器的供电回路中，当发生碰撞时惯性开关断开，从而切断高压接触器的供电电源，此时动力蓄电池的高压输出便会被断开，保证了乘员、行人、维护和救援人员的高压安全。

三、电气安全

新能源汽车的电气安全主要包括以下几个方面：
①防止人员接触到高压电。
②电池能量的合理分配。
③充电时的高压安全。
④行驶过程中的高压安全。
⑤碰撞时的电气安全。
⑥维修时的电气安全等。
为保证新能源汽车的电气安全，有些车辆会设计以下安全装置。
(1) 高压零部件的接插件，如图 4-2-2 所示，既可防止人员直接接触到高压，还可防水、防尘，减小高压系统绝缘出现问题的风险。

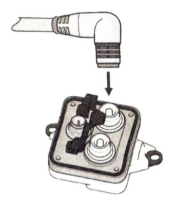 

图 4-2-2 高压插头的安全设计方式

（2）动力电池与外部高压回路之间设计有高压接触器，以保证在驾驶员无行驶意图或充电意图时，车辆除电池内部之外的高压系统是不带高压电的。只有当驾驶员将车辆钥匙打到"Start"挡或对动力蓄电池进行充电时，接触器才可能会闭合。

（3）高压系统中应当设计预充电回路，高于 60 V 的高压系统，上电应有一个 100～700 ms 的缓冲过程，即预充电过程。因为高压设备控制器输入端存在大量的容性负载，直接接通高压主回路可能会产生高压电冲击，甚至造成主正、主负继电器粘连而使高压回路始终处于带电状态，使驾乘人、动力电池维修人员存在触电危险。

为避免接通时的高压电冲击，高压系统需采取预充电回路的方式对高压设备进行预充电。预充电回路就是一个简单的 RC 电路，当 BMS 接收到 VCU 发送的高压上电信号后，控制主负继电器、预充继电器闭合进入预充过程。在预定的时间内，BMS 检测到预充电电压达到电池总压的 90%～98%，且此时电流下降到 1 A 左右。随后，BMS 通过控制主正继电器、预充继电器的通断，实现预充电回路与高压电回路的切换。如果在预定的时间内未完成预充电，则不允许上电，从而保证用电器件及驾乘人员的安全。

（4）绝缘电阻检测系统。评价电动汽车绝缘安全性优劣的重要指标就是绝缘电阻，国标中明确说明电动汽车的绝缘状况以绝缘电阻值来衡量，电动汽车高压动力系统是一个独立的系统，高压动力系统与车壳之间的当量绝缘电阻是一个动态变化的物理参量，其大小不仅与高压用电回路中的用电状态有关，而且随着车辆行驶路况和周围环境的变化而变化。动力电池内部高压电路设计时应保证绝缘电阻值与电池标称电压的比值不小于 100 Ω/V，并对该参数量进行实时监测。

由振动、冲击及动力电池腐蚀性液体、气体等造成的高压动力线绝缘层损伤，或因老化、磨损、受潮而导致的动力电池与车体间的微短路，不仅降低动力电池绝缘数值，而且还会产生额外的热量积聚效应，严重时甚至引起火灾。因此，动力电池上高压电之前，BMS 应对电池包的绝缘情况进行判断，若满足 100 Ω/V 或更高要求，方可高压上电；若不满足，则BMS须向VCU上报绝缘故障，严禁上高压电，倘若行车过程中出现绝缘值低于设定值，则BMS须向VCU上报故障，进行相应断电并停车处理，确保人员与车辆安全。

（5）高压设备过载/短路保护。当汽车高压附件设备发生过载或线路短路时，相关高压回路应能自动切断供电，以确保高压附件设备不被损坏，保证汽车和驾乘人员的安全。因此在高压系统设计中应设置过载或短路的保护部件，如在相关回路中设置保险和接触器，当发生过载或短路而引起保险或接触器短路时，高压管理系统会对接触器触点和相关控制接触器闭合的有效指令进行综合判定，若检测出相关电路故障，高压管理系统会发出声光报警以提示驾驶员。

（6）高压互锁回路设计。当高压互锁回路断开时（表示某一高压部件的低压或高压连接断开），乘员或维修人员有可能会接触到高压电从而造成触电伤害，因此电池管理单元在检测到断开信号之后应当立即断开相应的高压接触器以切断高压输出。

高电压触点监控用于对高电压组件作业人员进行保护。高电压触点监控导线经过可产生高电压的高电压组件的所有插头/插孔，通过高电压触点监控可确定一个或多个高电压插接连接件是否已断开。高压电池管理模块通过高电压触点监控导线发送一个特定变化的波形信号，经过各个被监控的模块之后回到高压电池管理模块，然后对该信号进行分析，如果一个高电压插接连接件已断开，就会被立即发现并自动关闭整个高电压系统。在这过程中主接触器有拉弧烧蚀损坏的风险，所以在进行相关操作时，务必先按标准要求进行高压断电操作。高压互锁回路如图4-2-3所示。

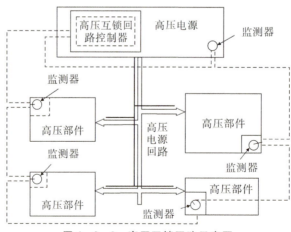

图4-2-3　高压互锁回路示意图

四、功能安全

此外，对于新能源汽车来说，还需要从以下两个功能方面采取安全设计，避免安全事故的发生。

1. 转矩安全管理

为防止车辆出现不期望的运动，需要在整车控制器中加入转矩安全控制策略。具体转矩安全策略如下：

(1) 整车控制器负责计算整车的转矩需求，计算的转矩需求的差值大于某个标定值，则认为转矩输出存在安全风险，此时整车控制器会将车速限制在安全范围内。

(2) 若整车控制器的需求转矩与电动机的实际转矩的差值大于某个标定值，则认为电动机的转矩控制存在风险，此时整车控制器将会限制电动机的转矩输出，若两者差值一直过大，则切断动力蓄电池的动力输出。

2. 充电安全

在充电时需要防止车辆移动及避免快充、慢充、行驶模式之间的冲突，为此进行如下设计：

(1) 只有挡位放在 P 挡时才允许充电。

(2) 在充电过程中，转矩需求及实际转矩输出都应当为 0。

(3) 当充电枪插上时，不允许闭合控制高压电输出的接触器。

(4) 当充电回路绝缘电阻小于标准要求的阻值时，应当停止充电并断开高压接触器。

五、其他安全设计

1. 高压电电磁兼容性

由于新能源汽车上存在高压交流系统，具有较强的电磁干扰性，因此高压线束设计时电源线与信号线尽量采用隔离或分开配线，电源线两端考虑采用隔离接地，以免接地回路形成共同阻抗耦合将噪声热合至信号线；输入与输出信号线应避免排在一起造成干扰，输入与输出信号线尽量避免在同一个接头上。如不能避免时，应将输入与输出信号线错开放置。

2. 高压部件和高压线束的防护与标识

高压部件的防护主要包括防水、机械防护及高压警告标识等。尤其是布置在机舱内的部件，如电动机及其控制系统、电动空调系统、DC/DC 变换器、车载充电机及它们中间的连接接口等，都需要达到一定的防水和防护等级。并且高压部件应具有高压危险警告标识，以警示用户与维修人员在保养与维修时注意这些高压部件。

由于纯电动汽车线束包括低压线束与高压线束，为提示和警示用户和维修人员，高压线束应采用橙色线缆并用橙色波纹管对其进行防护。同时高压连接器也应标识为橙色，起到警示作用，并且所选高压连接器应达到 IP67 防护等级。高压线束外观如图 4-2-4 所示。

图 4-2-4　高压线束

3. 高压系统余电放电保护

由于高压系统的电机控制器和电动空调等高压部件存在大量的电容。当高压主回路断开时，因高压件电容的存在，高压系统中还存有很高的电压和电能。为避免对人员和汽车造成危害，在切断高压系后应将电容的高压电通过并联在高压系统中的电阻释放掉。

课程启迪

车主小吴在驾驶一台新能源汽车时，汽车底盘轻微剐蹭到了路边的石墩，他赶忙把车辆送到了售后维修部门进行检查。经过检查，维修技师阿明发现动力电池等部件没有受到损坏，可以正常驾驶。可是小吴表示，经常在新闻里看到新能源汽车碰撞发生电池自燃现象，这让他觉得非常担忧。

【想一想】假如你是维修技师阿明，你应该如何从新能源汽车的高压安全设计方面来向车主解释，打消他过分的担忧呢？

任务练习

一、选择题

1. 动力蓄电池在（　　）状态下可能会存在风险。
   A. 正常充电、过充电 　　　　　B. 过放电、过充电
   C. 温度过低 　　　　　　　　　D. 正常驱动车辆

2. （　　）情况下，高压系统将关闭高电压。
   A. 启动车辆 　　　　　　　　　B. 打开点火开关、关闭点火开关
   C. 启动车辆、关闭点火开关 　　D. 发生漏电、发生严重碰撞

3. 为防止维修人员触电，在车辆高压系统上会设置（　　）部件用于解除高压。
   A. 继电器 　　　　　　　　　　B. 点火开关
   C. 维修开关 　　　　　　　　　D. 熔断丝

4. 高压车辆的连接器上设计的互锁开关用于（　　）。
   A. 监测高压连接器是否被断开 　B. 防止维修人员触电
   C. 锁止开关，不让任何人打开 　D. 以上都不对

二、判断题

1. 我国民用电网中的安全电压多采用 220 V。　　　　　　　　　　　　（　　）
2. 在给车辆进行充电时，充得越久越好。　　　　　　　　　　　　　　（　　）
3. 在断开电池的动力输出后，就可以接触高压部件。　　　　　　　　　（　　）
4. 当高压系统出现短路等危险情况时，为保护乘员和关键零部件，需设计短路保护器。　　　　　　　　　　　　　　　　　　　　　　　　　　　　　　（　　）
5. 新能源汽车在充电时需要防止车辆移动及避免快充、慢充、行驶模式之间的冲突。　　　　　　　　　　　　　　　　　　　　　　　　　　　　　　　（　　）
6. 新能源汽车的快充，冲得越快越好。　　　　　　　　　　　　　　　（　　）

项目五
新能源汽车的日常使用及维护

项目描述

近年来，随着新能源汽车的缓慢崛起，购买新能源汽车的人数也在逐渐增加。新能源汽车的保养问题也受到越来越多人的关注。对于汽油车来说，更换机油、机滤、火花塞等都是常规必做的项目。与传统燃油汽车相比较新能源汽车维护成本更低，使用上更方便。因为采用了电能作为主要驱动能源，所以日常用电的安全注意事项也同样适用于新能源汽车。人们对于新能源汽车比较陌生，那么，新能源汽车要不要保养？如果需要，又会涉及哪些保养项目？此外作为一名新能源汽车车主，又应该具备哪些保养常识？日常使用的时候又该注意哪些事项？

学习目标

1. 知识目标

(1) 能够熟悉新能源汽车安全使用规范。

(2) 能够区别各仪表、警告灯的含义。

(3) 能够掌握新能源汽车充电安全的相关事项。

(4) 能够掌握新能源汽车驾驶操作要求、使用要领及注意事项。

(5) 能够了解新能源汽车加氢安全相关知识。

(6) 能够掌握新能源汽车的维护内容

2. 能力目标

(1) 能够学会新能源汽车的使用与安全驾驶方法。

(2)能够按照流程完成对新能源汽车的充电。

(3)能够对新能源汽车进行维护。

3. 素养目标

(1)遵守职业道德，树立正确的价值观。

(2)崇尚劳动精神，逐步提升服务社会的意识。

(3)弘扬工匠精神，塑造精益求精的品质。

(4)培养协同合作的团队精神，自觉维护组织纪律。

新能源汽车的使用

情境重现

作为重要的出行工具，新能源汽车的安全性能一直都是消费者最看重的。作为发生事故后的最后一根"救命稻草"，安全气囊的重要性不言而喻。在汽车前端冲撞中，前端安全气囊能减少司机14%的死亡率；而乘客安全气囊能够减少11%的死亡率。美国国家公路交通安全管理局提供的数据表明，如果安全气囊和安全带一起使用的话，头部严重受伤的概率将降低85%，而如果只使用安全带，则只降低60%。

【想一想】如果选购了一辆新能源汽车，安全气囊是不是越多越好？

知识导图

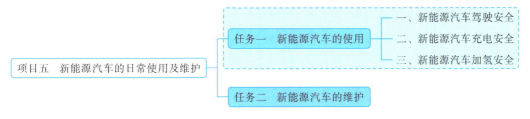

知识详解

一、新能源汽车驾驶安全

1. 安全带

1）安全带的作用

在紧急制动、突然转向和碰撞事故中，正确使用安全带能大大减少车内乘员的伤亡。

2）安全带使用注意事项

车辆行驶前，应确保车中所有乘员均已正确系好安全带。否则在紧急制动或发生碰撞事故时，车中乘员容易受到严重的身体伤害甚至死亡。车辆上的安全带主要根据成人体形设计，不适用于儿童，要根据年龄和体型选择合适的儿童保护装置。

3）安全带功能

（1）紧急锁止功能：车辆急转弯、紧急制动、发生碰撞或乘员身体前倾太快时安全带会自动锁紧，实现对乘员的有效约束和保护；车辆平稳行驶时，织带随着乘员缓慢、平稳的移动而拉出回卷，乘员可活动自如。

（2）安全带的预紧限力功能：当车辆发生严重的正面碰撞，满足预紧装置触发条件时，预紧装置迅速卷收部分织带并将其锁紧以加强对乘员的保护作用。限力装置将织带对乘员身体的束缚力限定在一定范围之内，从而避免因束缚力太大对乘员造成伤害。

（3）安全带的自动锁止功能：可用于固定儿童保护装置。将织带全部拉出即可启动锁止功能，锁止功能启动后织带只能回卷不能拉出，且回卷时会有连续的"咔嗒"声。织带完全回卷后，自动锁止功能即自动关闭，织带可自由拉出回卷。

（4）安全带的未系声光报警功能：若车辆启动后，驾驶人或前排乘员未系安全带，声光报警系统将开始工作，直到驾驶人和前排乘员系好安全带。

2. 安全气囊系统

1）安全气囊作用

（1）安全气囊系统属于辅助约束系统的一部分，是对座椅和安全带的补充，安全气囊系统可在较严重的正面碰撞事故中，对驾乘人员的头部和胸部提供额外的保护，减少伤亡，防止汽车碰撞时乘员与车内部件发生碰撞而造成伤害，是保障车内乘员安全的最强"护盾"。

（2）安全气囊系统不能取代安全带，它是汽车整个被动安全保护体系的一个组成部分。

（3）只有与系好的安全带一起工作，才能使安全气囊系统发挥最大的保护作用。

安全气囊一般安装在车内正副驾驶位正面，前排、后排座椅侧面，保护的基本思想：在发生一次碰撞后，二次碰撞前，迅速在乘员和汽车内部结构之间打开一个充满气体的袋子，使乘员撞在气袋上，避免或减缓二次碰撞，从而达到保护乘员的目的。不可否认的是，更多的安全气囊意味着更全方位的保护。

温馨提示：在汽车行驶过程中，应一直使用安全带并保持正确坐姿，这样才能发挥安全带和气囊系统的最大保护作用；严禁儿童乘坐前排座椅位置；切勿私自拆装气囊部件。

2）安全气囊触发条件

（1）当发生一定程度的正面碰撞事故时，安全气囊系统可能触发；在发生特殊碰撞事故时，安全气囊系统可能触发。

（2）安全气囊并不是在发生任何事故时都会起作用，在发生轻微的正面碰撞、车尾碰撞或翻车时，安全气囊系统一般不会触发。在这种情况下，驾乘人员通过正确佩戴安全带的方式受到保护。

（3）安全气囊系统触发的决定性因素：碰撞时产生并由电子控制单元（ECU）获得的减速度曲线与设定值之间进行全面智能的比较和判断，如果碰撞时产生并被测到的汽车减速度曲线等信号低于ECU内预先设定的相关参照值，则安全气囊就不会触发，尽管汽车可能已经在事故中严重变形。

3. 儿童保护装置

儿童乘坐车辆必须有安全保护装置，目前主要采用的是儿童安全座椅，根据儿童的年龄和体型，儿童保护装置可分为三种类型，如图5-1-1所示。如果孩子体型太大而不能使用儿童保护装置，则应坐在后排座椅上并使用座椅安全带。

图5-1-1 儿童安全座椅

温馨提示：研究显示，将儿童保护装置安装在后排座椅比安装在前排座椅上更加安全，请勿将儿童座椅安装在前排座椅上。

4. 仪表指示系统

与传统汽车一样，新能源汽车也具有丰富的仪表指示信息，可随时给驾驶人提供车辆技术参数。以帝豪EV450纯电动汽车车辆仪表信息指示为例，需要通过仪表盘上的指示灯来判断车辆是否处于启动状态，若仪表盘上的绿色"READY"或"OK"指示灯点亮，表明车辆上电正常，可挂挡行驶，如图5-1-2所示。

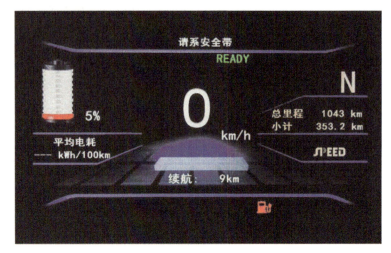

图 5-1-2 仪表盘上的"READY"指示灯

5. 钥匙和防盗

1）钥匙

钥匙包括智能钥匙和机械钥匙。帝豪 EV450 的电子智能钥匙如图 5-1-3 所示。

图 5-1-3 帝豪 EV450 智能钥匙

携带电子智能钥匙，按左、右前门微动开关（外把手上的黑色按钮），可以解锁/闭锁所有车门；按车后微动开关（后行李箱亮饰条上的黑色按钮），可以打开行李箱盖；还可通过遥控钥匙上的按键进行车门解锁/闭锁、行李箱开启及寻车等功能。

卡片式智能钥匙（如特斯拉），如图 5-1-4 所示，携带卡片式钥匙，按左、右前门微动开关或车后微动开关可以实现所有车门解锁/闭锁及一键启动。

图 5-1-4 特斯拉卡片式钥匙

2)智能进入和智能启动系统

智能进入和智能启动系统主要具有无线遥控功能、进入功能和启动功能、转向锁定功能、按钮启动功能。

(1)无线遥控功能。

无线遥控系统用于在距离车辆大约 30 m 内为所有车门解锁或闭锁,以及实现附加功能。该功能仅限于电子智能钥匙,操作时应注意以下事项:

① 操作任一按键时,应缓慢而稳固地按下。

② 如果电子智能钥匙不能在正常距离内控制车门,或钥匙上的指示灯暗淡、不亮时,有以下解决方法:

检查附近有无干扰电子智能钥匙正常操作的无线电台或机场的无线电发射器。

电子智能钥匙的电池电量可能已耗尽,检查电子智能钥匙内的电池。

(2)进入功能和启动功能。

携带电子智能钥匙可为车门解锁或闭锁并启动车辆。

①进入功能——可为车门解锁和闭锁。

②启动功能——电子智能钥匙在车内时,可以切换电源模式和启动车辆。

(3)转向锁定功能。

当使用无线遥控或者微动开关闭锁车门时,转向盘将被锁定。按下启动按钮时,转向锁定自动解除。如果启动按钮上的绿色指示灯闪烁,则表示转向锁卡住,要将其释放,按下启动按钮的同时,轻晃转向盘即可。如果橙色指示灯闪烁,则表明启动部分有故障,建议到厂家授权服务店检查车辆。

（4）按钮启动功能。

当智能钥匙电池电量耗尽时，可按以下步骤启动车辆：

①踩下制动踏板并按下启动按钮，此时智能进入和智能启动系统警告灯点亮，且车辆的蜂鸣器鸣响一声。

②在蜂鸣器鸣响后的 30 s 内将电子智能钥匙接近启动按钮，蜂鸣器会再次鸣响一声提示可以启动车辆。

③在此蜂鸣器鸣响后的 5 s 内启动车辆。

④室内阅读灯开关处于"DOOR"挡时，室内阅读灯将根据智能钥匙的存在情况、车门打开/关闭情况及电源挡位状态自动点亮/熄灭。

3）防盗系统

如果车辆在防盗状态下，任一车门被打开，系统都将会发出警告声，且转向灯一直闪烁。

（1）设定防盗系统的步骤如下：

① 退电至"OFF"挡。

② 所有乘员下车。

③ 所有车门闭锁。所有车门闭锁时，防盗指示灯将持续点亮，8 s 后防盗系统将自动设定。当系统被设定后，防盗指示灯将开始闪烁。

④ 确保指示灯开始闪烁之后，可以离开车辆。由于从车内解锁车门会激活系统，在设定系统时绝对不能让任何人留在车内。

（2）激活系统。

在下列情况时，系统将发出警告声：

① 如果未使用智能钥匙进入功能，任一车门解锁。

② 如果未使用智能钥匙启动功能，车辆上电。

（3）取消系统。

通过下列方式将使警告声停止：

① 使用电子智能钥匙解锁车辆。

② 携带钥匙在车内按下启动按钮。

温馨提示：请勿修改或者使用其他方式改装防盗系统。

6. 座椅安全调节

在行车过程中，车内的乘员必须将座椅靠背垂直向上，背部靠住座椅靠背且正确使用安全带。

座椅调节的注意事项：

（1）调节驾驶人座椅，使脚踏板、转向盘和仪表板控制器都位于驾驶人容易控制的范围之内。行驶中禁止驾驶人调节座椅，以免座椅产生移动时，驾驶人对车辆失去控制。

（2）调节座椅时，注意勿让座椅撞到乘员或行李。

（3）手动调节座椅前后位置完毕之后，要试着前后滑动，确认座椅已锁定。

（4）调节完座椅靠背，将身体向后倚靠，确认座椅靠背已锁定。

（5）切勿在座椅下放置物品，这会影响座椅锁定机构或意外地将座椅位置调节杆推向上方，造成座椅突然移动，导致驾驶人对车辆失去控制。

温馨提示：请勿在车中成员没有正确坐好之前驾驶车辆。在行车过程中，请勿让乘员站立或者在座椅间移动，否则车辆进行紧急制动时，乘员容易受伤。

7. 方向盘

要改变转向盘的角度时，可握住转向盘，将转向管柱调节手柄向下按，将转向盘倾斜至需要的角度，然后将手柄恢复至原位，如图 5-1-5 所示。

图 5-1-5　帝豪 EV450 方向盘

温馨提示：车辆行驶中，禁止调节转向盘，否则可能使驾驶人错误地操纵车辆，导致意外事故发生。调节转向盘之后，将它上下移动以确认被牢固锁定。

8. 紧急警告灯

按下紧急警告灯的按钮，可点亮危险警告指示灯（六向闪光灯）。此时六盏车外转向信号灯和仪表盘上的两盏转向信号指示灯一起闪烁。打开紧急警告灯，可提醒其他过往行人和车辆，以免造成危险。

二、新能源汽车充电安全

1. 充电安全警告

（1）请选择在相对安全的环境下充电。

(2)不要修改或者拆卸充电端口和充电设备。

(3)充电前请确保车辆充电口和充电连接器端口内没有水或外来物,金属端子没有生锈或者腐蚀造成的破坏,因为不正常的端子连接可能导致短路或电击,威胁生命安全。

(4)如果在充电时发现车里散发出一种不同寻常的气味或者烟,请立即停止充电。

(5)为了避免造成严重的人身伤害,车辆正在充电时,要有以下预防意识:

① 不要接触充电端口或者充电连接器内的金属端子;当有闪电时,不要给车辆充电或触摸车辆,被闪电击中可能导致充电设备损坏,引起人身伤害。

② 充电结束后,不要用湿手或站在水里去断开充电连接器,因为这样可能引起电击,造成人身伤害。

(6)车辆行驶前请确保充电连接器从充电口断开。

(7)如果想在车内使用任何医学设备,在使用之前请和制造商确认充电是否影响设备的正常工作。充电可能导致设备的不正常操作,造成人身伤害。

2. 充电注意事项

(1)当仪表 SOC 指示条进入红色警告区,表明动力电池的电量不足,应及时补充电量。不建议在电量完全耗尽后才进行充电,避免影响电池的使用寿命。

(2)禁止在充电口盖打开的状态下关闭充电口舱门;禁止用力拉扯或者变相扭转充电电缆;禁止使充电设备承受撞击;禁止在温度高于 50 ℃ 的环境下存放、使用充电设备;禁止把充电设备放在靠近有加热器或者其他高温热源的地方。

(3)充电时,建议将车辆停放在通风处,同时人应离开车辆,因高压危险,所以要站于安全线以外。

(4)充电时,电源挡需处于"OFF"挡,严禁在电源处于"READY"或"OK"挡时进行充电。

(5)当动力电池电量充满后,系统会自动停止充电。

(6)停止充电时,应先将充电柜或者充电桩关闭,再断开充电连接器;若使用家用交流充电桩,应先断开交流充电连接器,再断开插座端的电源。

(7)充电结束后应及时关闭充电口盖,避免水或者外来物质进入充电口端子,从而影响正常使用。

(8)如果车辆长时间不使用,为了延长动力电池的使用寿命,建议每三个月充放电一次。

(9)如果充电口舱门因天气原因冻住,请使用热水或不高于 100 ℃ 的加热装置将冰融化后再开启,切勿强行打开。

(10)启动车辆前,请先确保充电连接器已断开,充电口盖和舱门已经关闭,因为在充电连接器锁止机构没有完全锁止的状态下,车辆有可能可以调至"READY"或

"OK"挡，并且可以进行挂挡行驶，这会导致充电设备和车辆的损坏。

三、新能源汽车加氢安全

1. 氢气的性质

氢在元素周期表中位于第一位，常温、常压下的单质形态是气体，无色无味，极易燃烧。

2. 氢气的储存

氢气的密度小，因此能量密度低。新能源汽车的一项重要指标是续航里程，而怎样在汽车有限的空间里多储存一些氢气就成了一项难题。

3. 氢气的安全使用

氢气的储存必须使用符合要求的容器，压力容器的设计制造已经比较成熟，并且由于氢气密度小，泄漏之后非常容易扩散，只要不是密闭空间，发生泄漏及爆炸的概率不会明显高于传统燃油汽车。

课程启迪

张凯新买了一辆新能源汽车，由于对新能源汽车充满好奇，准备修改或者拆卸充电端口和充电设备，同事知道后劝他不要，怕会出现安全问题。张凯后来放弃了这个想法。

【想一想】新能源汽车快速发展，成为越来越多人的"代步工具"，其消防安全问题显得尤为重要。那么，在日常充电、停放、行驶途中应当注意些什么呢？

任务练习

一、选择题

1.（单选题）如图所示，仪表中亮起的故障灯是指（　　）。

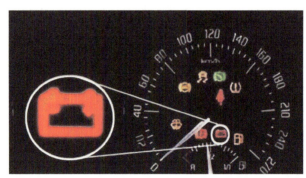

A. 电瓶报警灯 　　　　　　　　　　　B. 水温报警灯

C. 胎压报警灯 　　　　　　　　　　　D. 刹车系统故障灯

2.（多选题）安全气囊是（　　）。

A. 辅助约束系统的一部分

B. 对安全带的补充

C. 可有可无的

D. 对驾乘人员的头部和胸部提供的额外保护

3. 电子助力转向系统的英文缩写是（　　）。

A. ABS 　　　　B. EPS 　　　　C. BMC 　　　　D. EDU

4. 当仪表 SOC 指示条进入红色警告区表明（　　）。

A. 动力电池的电量不足 　　　　　　　B. 冷却液减少

C. 电子控制系统故障 　　　　　　　　D. 系统正常

5. 无线遥控系统用于在距离车辆大约（　　）内为所有车门解锁或闭锁。

A. 30 m 　　　　B. 20 m 　　　　C. 10 m 　　　　D. 5 m

二、判断题

1. 当后备箱的行李放不下时，可将一些物品放置在主驾驶位的座椅下。（　　）

2. 在对新能源汽车充电时，人应离开车辆且要站于安全线以外。（　　）

3. 快充会影响动力电池的使用寿命。（　　）

4. 充电次数就是充电周期。（　　）

5. 快充是交流供电。（　　）

新能源汽车的维护

情境重现

大学生王勇毕业后买了辆新能源汽车,最近到 4S 店进行维护与保养,售后顾问告知他要保养的项目很多,王勇一时间有点摸不着头脑,怕被骗钱,最后没敢在 4S 店进行保养。

【想一想】如果你是王勇,你认为日常的保养有哪些项目呢?

知识导图

知识详解

新能源汽车在底盘结构上与传统燃油汽车并没有太大的区别,因此这一部分的日常维护与使用要求基本可以沿用传统燃油汽车的方法,但是在驱动系统和能量储存方面则与传统燃油汽车存在较大区别,需要特别注意。

新能源汽车高压电驱动部分一般都会在高压元件壳体上张贴高压警示标签,如图 5-2-1 所示的警示标签边框为黑色,底色为黄色,提示维修人员有触电危险和灼伤危险,有资质的人员才可维修。高压电路中的线束通过外皮颜色来与低压控制线束区分,一般为橙色警示色,线束接插件也采用橙色,如图 5-2-2 所示。

· 139 ·

图5-2-1 高压警示标签

图5-2-2 高压线束

一、新能源汽车每日检查内容

每日检查是对最常用的设备状况进行检查，相关功能对车辆使用及行车安全有直接影响，需要在每次出车前、收车后进行检查。具体检查内容如下：

(1)检查照明、信号仪表系统、刮水器及清洗装置。

(2)检查安全带。

安全带应观察外观，检查固定情况是否良好、有无裂口破损，要求伸缩顺畅，快速拉出时能够迅速锁止(检查动作如图5-2-3所示)，安全带锁扣应连接顺畅、牢固，安全带指示灯应正常工作。

图5-2-3 检查安全带

（3）检查制动功能。

（4）检查停车处油液痕迹。

（5）检查车轮外观状况。

二、新能源汽车定期检查内容

1. 冷却液、制动液等的检查和加注

1）检查冷却液液位

新能源汽车的冷却系统如图5-2-4所示。

图5-2-4 新能源汽车的冷却系统

以比亚迪为例，目前其纯电动车型前机舱内布置有三个冷却液储液罐（比亚迪e5前机舱布置如图5-2-5所示），各自独立工作完成整车的温度控制。

图5-2-5 比亚迪e5前机舱布置

冷却液的循环系统是相对封闭的，正常使用的过程中不会有明显减少，因此定期检查时，需要在冷车状态下观察冷却液的液位是否在储液罐的最高液位与最低液位之

间,如图5-2-6所示。

图5-2-6 冷却液液位的检查

2)检查制动液液位

制动液的日常检查与冷却液类似,目视检查其是否处于制动液储液罐的最高液位与最低液位之间(图5-2-7),必要时做出调整。

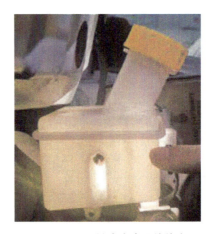

图5-2-7 制动液液位的检查

2. 检查玻璃清洗液液位

玻璃清洗液用于风窗玻璃的清洁,属于消耗品,其液位高度并没有明确规定,为保证正常使用,定期检查时充满即可。部分车型的玻璃清洗液储液罐带有液位标尺,可通过标尺判断当前液位,视情添加。一般车型的玻璃清洗液最大添加量在3.5~4.5 L之间。

3. 检查车轮气压

定期检查时需要在冷车状态下用气压表测量车轮胎压，如图 5-2-8 所示。

图 5-2-8　测量轮胎气压

若胎压明显过高或过低，须按照车辆标准胎压要求进行调整，通常标准胎压参数可以在车辆以下位置找到：

①汽车使用手册中。
②车辆 B 柱附近的标签上。
③车辆驾驶座旁的抽屉里。
④充电口盖上。

4. 检查空调系统

新能源汽车空调系统的工作动力来源与传统燃油汽车有较大不同，由于没有发动机持续工作带来的余热，因此很多车型采用 PTC 加热器制热，为了减小工作电流，提高加热功率，PTC 加热器一般都采用高压电驱动。制冷用的压缩机也采用高压电驱动，因此在进行空调系统高压部分检查、维修时应注意安全，防止触电事故发生。

5. 检查高压线束及模块

插头卡扣松脱、插头脱落、线束干涉、固定螺钉松动等不良状况如图 5-2-9 所示。

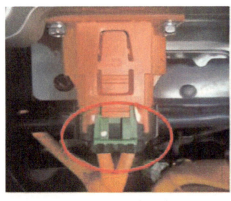

(a) 插头卡扣松脱　　　　　　　(b) 插头脱落

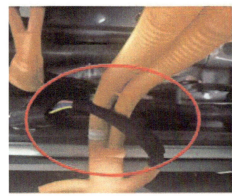

(c) 线束干涉　　　　　　　　　(d) 固定螺钉松动

图 5-2-9　常见线束不良状况

课程启迪

在维修过程中，维修员小陈在拆除高压维修开关时，发现绝缘手套有个破洞，干脆不戴了，他表示这是客户前不久刚买的新车，应该不会出现漏电的安全问题。

【想一想】你觉得小陈的做法是正确的吗？为什么？

项目五
新能源汽车的日常使用及维护

任务练习

一、选择题

1. 新能源汽车(EV)不需要对（　　）进行维护。
   A. 动力电池系统　　　　　　　　B. 发动机系统
   C. 充电系统　　　　　　　　　　D. 直流电压变换器

2. 在高压维修工位中的维修区域应垫上（　　）。
   A. 防滑布　　　　　　　　　　　B. 防尘布
   C. 绝缘胶垫　　　　　　　　　　D. 耐磨垫

3. 新能源汽车空调系统的工作动力来源于（　　）。
   A. PTC 加热器　　　　　　　　　B. 蒸发箱
   C. 电控系统　　　　　　　　　　D. 冷却水泵

4. 电解液的颜色应为（　　）。
   A. 黑色　　　　B. 绿色　　　　C. 白色　　　　D. 黄色

5. (多选题)通常标准胎压参数可以在车辆的（　　）找到。
   A. 使用手册中　　　　　　　　　B. B柱附近的标签上
   C. 驾驶座旁的抽屉里　　　　　　D. 充电口盖上

二、判断题

1. 新能源汽车在进行日常维护时只检查"三电"就可以了。（　　）
2. 新能源汽车和传统的燃油车不同，不需要定时更换制动液。（　　）
3. 帝豪EV450的充电照明灯为红色，直接由BCM控制。（　　）
4. 交流充电也是家用充电。（　　）
5. 检查高压线束及模块，出现插头卡扣松脱的情况不要紧。（　　）

项目六
新能源汽车高压安全检测

项目描述

新能源汽车，不管是纯电动汽车还是混合动力汽车，都带有高压电，有的甚至可达 600 V 以上，远远超出人体安全电压。因而，在考虑新能源汽车给社会带来环保效益的同时，高压安全问题绝不可忽视。

新能源汽车在维修过程中，电路错综复杂，与高压电接触在所难免。高压电缆是新能源汽车电力传输分配的神经系统，其正常工作为新能源汽车的可靠运行和安全提供了保证。当电缆发生故障时，需要对其进行检测及更换，因此必须了解电缆的检测方法、更换流程和安全操作注意事项等。作为从事一线工作的维修人员，做好新能源汽车高压电安全检测，防患于未然，才能为他人生命安全提供必要的保障。

学习目标

1. 知识目标

(1)能够准确描述高压断电检测的通用法则和操作方法。

(2)能够简述高压互锁回路的作用、原理及检测方法。

(3)能够陈述新能源汽车高压部件绝缘检测的意义、方法及故障的处理办法。

2. 能力目标

(1)能够在作业前做好高压操作安全防护。

(2)能够自主查阅新能源汽车维修手册，准确绘制高压互锁回路示意图。

(3)能够制订绝缘检测诊断流程，提升逻辑思维能力。

3. **素养目标**

(1) 遵守职业道德，树立正确的价值观。

(2) 崇尚劳动精神，逐步提升服务社会的意识。

(3) 弘扬工匠精神，塑造精益求精的品质。

(4) 培养协同合作的团队精神，自觉维护组织纪律。

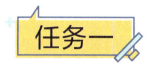

高压系统的断电和恢复

情境重现

汽修工匠李志军在他的汽修生涯回忆中写道,在新能源汽车刚开始进入市场的时候曾发生过一例电动汽车修理人员在修理过程中触电导致手臂受伤的事故,一度造成除厂家技术人员外的修理人员不敢修电动汽车电路故障的局面。新能源汽车充放电部分都是高压电,电压高达 300~700 V,例如比亚迪"唐"新能源汽车的工作电压就达到了 600 V,如此高的电压可以造成人体电击和电伤两类伤害,假如维修人员不懂规则,盲目上手会十分危险。

【想一想】作为汽车维修人员,如何在检测过程中对新能源汽车进行断电和恢复操作呢?

知识导图

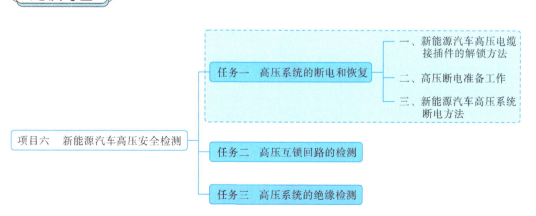

知识详解

一、新能源汽车高压电缆接插件的解锁方法

新能源汽车具有高电压，因此在维护与修理新能源汽车前，必须先按照高电压操作规程执行高压系统的断电操作。断开系统高电压以后，可以在一定程度上确保汽车高压系统不再具有高电压，从而保证维修作业人员的人身安全。因此，在进行新能源汽车高压维修前必须正确掌握高压电缆接插件的解锁方法，提前了解新能源汽车高压系统断电流程和安全操作注意事项。

新能源汽车高压电缆插接件的主要应用部件有动力蓄电池、高压控制盒、DC/DC变换器、车载充电机、空调压缩机、空调PTC加热器、驱动电机、直流充电口、交流充电口、高压电缆、维修开关等。

1. 按高压电缆接插件的接触件结构形式分类

1）片簧式接插件

片簧式接插件的插孔为冠簧孔，插孔内安放有1～2个片簧圈，每个片簧圈由多个弹簧片组成。如图6-1-1所示的插孔结构采用了双曲线冠簧技术，接触面积可增加65%，其表面为高耐磨性的镀银层。

图6-1-1 片簧式接插件

2）线簧式接插件

线簧式接插件的插孔为线簧孔，插孔的结构和片簧式插孔的结构相似，只是由弹簧线组成。线簧式插孔虽然性能优良，但是工艺复杂，成本较高。线簧式接插件内部结构如图6-1-2所示。

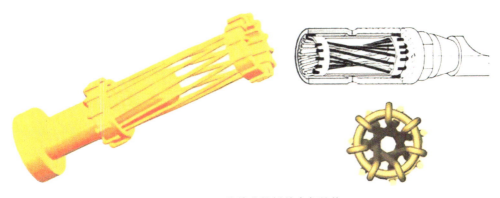

图 6-1-2　线簧式接插件内部结构

2. 按高压电缆接插件的锁止机构分类

为了避免人为意外触发或者行驶中因为震动等因素断开，新能源汽车高压电缆接插件设置有锁止机构。高压电缆接插件按锁止机构的不同可分为以下几种。

1) 一级锁止机构式高压电缆接插件

典型应用有快充电缆的插接件(图 6-1-3)和动力蓄电池电缆的插接件(图 6-1-4)。

图 6-1-3　快充电缆的接插件

图 6-1-4　动力蓄电池电缆的接插件

2)二级锁止机构式高压电缆接插件

二级锁止机构式高压电缆接插件结构中包括相互配接的接插件插头、接插件插座及加强两者连接的助力手柄，如图6-1-5所示。

图6-1-5 二级锁止机构式高压电缆接插件

3）航空插头

大电流航空插头的应用十分广泛，在新能源汽车部分大电流接插件上也有应用。19芯航空插头如图6-1-6所示，插座的外表面和插头的内表面有相配合的螺纹。

图6-1-6 航空插头

3. 解锁方法

(1) 一级锁止机构式高压电缆接插件的解锁方法，如图6-1-7所示。

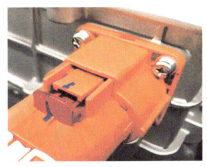

图 6-1-7　一级锁止机构式高压电缆接插件的解锁方法

动力蓄电池电缆接插件的解锁方法如图 6-1-8 所示。

图 6-1-8　动力蓄电池电缆接插件的解锁方法

（2）二级锁止机构式高压电缆接插件的解锁方法。

以比亚迪 e5 的维修开关为例，解锁方法如图 6-1-9 所示。

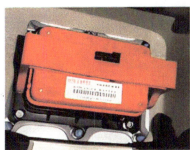
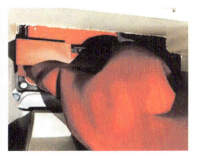

图 6-1-9　二级锁止机构式高压电缆接插件的解锁方法

(3) 航空插头的解锁方法。

航空插头插座的外表面和插头的内表面有相配合的螺纹，解锁方法如图 6-1-10 所示。

图 6-1-10　航空插头的解锁方法

二、高压断电准备工作

1. 作业规范

在维修带有高电压的新能源汽车前，务必规范执行高压电的断电和检验操作，避免因意外造成高压触电。在进行高压系统断电前，除需做好场地布置、绝缘用品准备、断开低压电源等工作外，还需了解新能源汽车作业"十不准"。

2. 场地布置

作业前应进行现场环境检查，检查绝缘垫，设立隔离柱，布置警戒线，张贴警示牌，以警示相关人员，避免无关人员进入发生安全事故。场地布置示例如图 6-1-11 所示。

图 6-1-11　场地布置示例

3. 准备绝缘用品

1）个人安全防护用品

新能源汽车维修人员必须检查并穿戴必要的安全防护用品，如绝缘手套、绝缘鞋、护目镜、安全帽等，如图 6-1-12 所示。

图 6-1-12　安全防护用品

2）绝缘工具

新能源汽车维修中进行高压部件的拆装时需要使用绝缘工具，确保操作人员人身安全。图 6-1-13 为常见的绝缘工具套装。

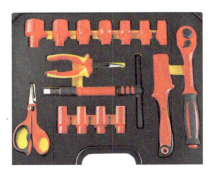 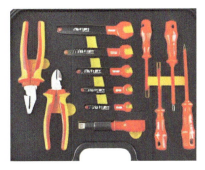

图 6-1-13　绝缘工具套装

3）绝缘万用表

对新能源汽车进行电气绝缘性能检测时，需要使用专用的绝缘测试仪器，测量高压电缆及零部件的绝缘电阻是否位于规定值范围内。图 6-1-14 为常用的绝缘万用表。

三、新能源汽车高压系统断电方法

新能源汽车断电主要分为低压断电和高压断电两部分。

1. 低压断电

（1）打开蓄电池负极橡胶保护套。

（2）使用套筒、棘轮扳手组合工具拧松低压蓄电池负极电缆固定螺栓，如图 6-1-15 所示。

图 6-1-14　绝缘万用表

图 6-1-15 蓄电池负极电缆

（3）取下负极电缆。

注意事项：低压下电后，需等待 10 分钟，等到高压系统残余电量耗尽后才可进行下一步操作。

2. 高压断电

（1）打开车门，进入驾驶室。

（2）打开中控储物盒盖，使用十字螺丝刀拆卸储物盒 4 颗螺栓，如图 6-1-16 所示。

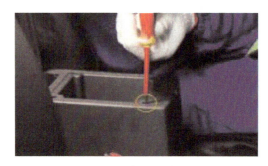

图 6-1-16 拆卸储物盒固定螺栓

（3）向上抬起储物盒至其脱离底座。

（4）断开储物盒背部 USB 和 AUX 音频线束接插件，如图 6-1-17 所示。

图 6-1-17 拔下线束接插件

(5)取出中控储物盒。
(6)拨开维修开关释放保险器,如图6-1-18所示。

图6-1-18 拨开维修开关释放保险器

(7)按压锁舌,向上拨动维修开关释放拉手。
(8)取出维修塞,并妥善放置。
(9)使用维修胶带包裹维修开关底座。

3. 恢复高压系统

(1)检查确认维修开关高压端口无烧蚀痕迹,外观正常无破损。
(2)取下维修开关底座绝缘胶带。
(3)安装高压维修开关,并锁止维修开关释放拉手保险器。
(4)安装中控储物盒,并使用十字螺丝刀安装储物盒固定螺栓。
(5)连接低压蓄电池负极电缆,使用10 mm套筒、棘轮扳手组合工具预紧负极电缆固定螺栓。
(6)使用扭力扳手紧固低压电池负极电缆固定螺栓至7 N·m。

课程启迪

汽修厂今天接到一辆新能源的故障车,维修技师小张叫学徒小陈先去把高压系统进行断电处理,小陈立马打开机盖,徒手去卸蓄电池负极线,突然就被师傅给制止了,并让他在戴好绝缘手套后进行拆卸。过后小陈觉得师傅多此一举,觉得车载蓄电池才几伏电压而已,并不用戴绝缘手套,可以直接上手进行拆卸。

【想一想】你觉得小陈的想法和做法是正确的吗?为什么?

任务练习

一、选择题

1. 断开系统高电压以后，可以在一定程度上确保汽车高压系统不再具有（　　），从而保证维修作业人员的人身安全。

   A. 高电压　　　　B. 低电压　　　　C. 高电流　　　　D. 低电流

2. 片簧式接插件的插孔为冠簧孔，插孔内安放有（　　）个片簧圈，每个片簧圈由多个弹簧片组成。

   A. 1~3　　　　　B. 2~3　　　　　C. 4~5　　　　　D. 1~2

3. 为了避免人为意外触发或者行驶中因为震动等因素断开，新能源汽车高压电缆接插件设置有（　　）。

   A. 锁止机构　　　B. 插孔　　　　　C. 开关　　　　　D. 接插件插座

4. 熔丝熔断时，要调换容量与原熔丝（　　）的熔丝。

   A. 大　　　　　　B. 小　　　　　　C. 不符　　　　　D. 相等

5. 以下选项不属于安全防护用品的是（　　）。

   A. 绝缘手套　　　B. 羊绒帽　　　　C. 护目镜　　　　D. 安全帽

二、判断题

1. 在维护与修理新能源汽车前，无须先按照高电压操作规程执行高压系统的断电操作。　　　　　　　　　　　　　　　　　　　　　　　　　　　　　（　　）
2. 熔丝熔断时，可以调换容量不符的熔丝。　　　　　　　　　　　　（　　）
3. 雷雨天气，不准在室外对车辆进行充电和维修维护工作。　　　　（　　）
4. 维修开关高压端口有烧蚀痕迹不影响使用。　　　　　　　　　　（　　）
5. 低压下电后可以马上进行高压断电操作。　　　　　　　　　　　（　　）

高压互锁回路的检测

情境重现

一辆比亚迪 e5 电动汽车，踩下制动踏板，按下启动按钮，组合仪表正常亮，READY 灯无法正常亮，充电指示灯、整车系统故障指示灯亮，挡位无法切换到前进挡或倒挡，车辆无法行驶。读取故障码，VCU 中存在"P1C4096 高压互锁故障""P1C8E04 高压互锁 PWM 输出信号断路"故障码；在 VCU 中进一步读取数据流，数据流显示高压互锁信号"未连接"。

【想一想】作为汽车维修人员，遇到这种情况该如何着手进行检查呢？

知识导图

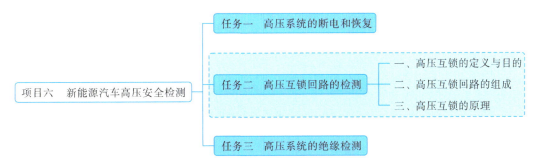

知识详解

一、高压互锁的定义与目的

在 ISO 国际标准《电动汽车安全技术规范第 3 部分：人员电气伤害防护》(ISO 6469-3：

2001)中，规定车上的高压部件应具有高压互锁装置。

高压互锁(high voltage inter-lock，简称 HVIL)，是用低压信号监视高压回路完整性及连续性的一种安全设计方法。高压互锁设计能识别高压回路异常断开或破损，及时断开高压电。理论上，低压监测回路比高压先断开，后接通，中间保持必要的提前量，时间长短可以根据车型确定。

整车在高压上电前确保整个高压系统的完整性，使高压处于一个封闭的环境下工作，从而提高安全性。当整车在运行过程中，高压系统回路断开或者完整性受到破坏时，需要启动安全防护。防止带电插拔高压连接器给高压端子造成拉弧损坏。

二、高压互锁回路的组成

1. 互锁信号回路

高压互锁信号回路包括两部分，如图 6-2-1 所示，一部分用于监测高压供电回路的完整性，另一部分用于监测所有高压部件保护盖是否非法开启。高压互锁信号线与高压电源线并联，将所有的连接串接起来组成一个完整的回路，高压部件保护盖与盒盖开关联动，盒盖开关串联在高压互锁信号回路中。若高压回路内某一部位未连接到位，则互锁信号送入整车控制器内，整车控制器不使动力蓄电池对外供电。

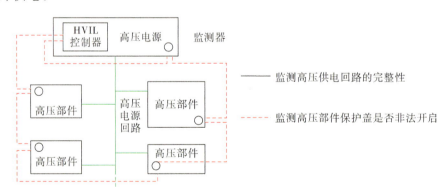

图 6-2-1 高压互锁信号回路

2. 互锁监测器

监测器分为两类，如图 6-2-2 所示，一种用于监测高压插接器连接是否完好，另外一种用于监测高压部件的保护盖是否开启。

项目六
新能源汽车高压安全检测

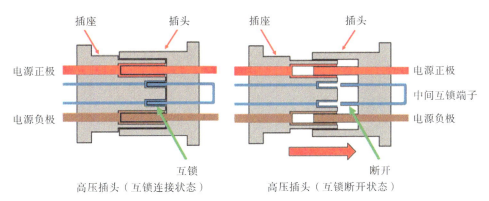

图6-2-2 互锁连接状态与互锁断开状态

1)高压插接器监测

高压插接器分为两部分,如图6-2-3所示,一个是高压端子,用于高压连接供电。一个是低压端子,即互锁端子,用于判断高压连接端子是否接到位。

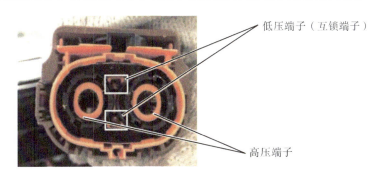

图6-2-3 高压插接器互锁监测

2)高压部件开盖监测器

其结构类似于插接器,如图6-2-4所示,一端安装于高压部件保护盖上,另外一端安装于高压部件主体内部,当保护盖开启时插接器也断开,HVIL信号中断。通常需要设置监测器的部件包括驱动电机控制器、高压控制盒等。

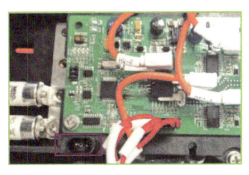

图6-2-4 高压部件开盖监测器

· 163 ·

3. 自动断路器

自动断路器（也称正极、负极接触器）为互锁系统切断高压源的执行部件，形式类似于继电器。其作用是在高压互锁系统识别到危险情况时，断开高压电源。

三、高压互锁的原理

1. 故障报警

无论新能源汽车在何种状态，高压互锁系统在识别到危险时，车辆对危险情况做出报警提示，通过仪表警告灯亮起或发出警告鸣声等形式提醒驾驶人注意车辆情况，尽早将车辆送往专业维修点检测，避免发生安全事故。

2. 切断高压电输出

当新能源汽车在停止状态时，高压互锁系统如果识别到严重危险情况，除了进行故障报警，还通知系统控制器断开自动断路器，切断高压电输出，使车辆无法启动，最大限度确保财产和人身安全。

3. 降功率运行

新能源汽车在行车过程中，BMS检测到高压互锁断开时，不会直接切断高压电输出，而是先通过报警提示驾驶人，然后让控制系统强制降低电机的功率，强制降低车速，使整车高压系统在负荷较小的情况下运行，尽量降低发生高压危险的可能性，同时允许驾驶人能够将车辆停到安全地方。

课程启迪

维修学徒小陈在安装高压互锁回路的零部件的时候，由于操作失误将高压插接器里面的小引脚损坏，为了不被师傅责怪，未将高压插接器损坏的事情告诉师傅。旁边的小张懂得高压互锁回路的重要性，直接就将此事报告给小陈的师傅，小陈被师傅说教了一顿，并更换了那个损坏的高压插接器。过后，小陈对小张一直怀恨在心，觉得那点小引脚损坏对整个高压互锁回路影响不大。

【想一想】你觉得高压互锁回路重要吗？为什么？

项目六 新能源汽车高压安全检测

> 任务练习

一、选择题

1. 高压互锁的简称是(　　)。
A. HVLI　　　　　B. HVIL　　　　　C. HVII　　　　　D. HVID

2. 高压插接器分为两部分，一个是高压端子，用于高压连接(　　)，一个是低压端子，即互锁端子，用于判断高压连接端子是否连接到位。
A. 固定　　　　　B. 供能　　　　　C. 供电　　　　　D. 低压端子

3. 若高压回路内某一部位未连接到位，则互锁信号送入(　　)内，整车控制器不使动力蓄电池对外供电。
A. 电机　　　　　B. 整车控制器　　　C. 仪表盘　　　　D. 电机

4. 自动断路器(也称正极、负极接触器)为互锁系统切断(　　)的执行部件，形式类似于继电器。
A. 电机　　　　　B. 低压源　　　　C. 高压源　　　　D. 蓄电池

5. 无论新能源汽车在何种状态，(　　)如果识别到危险情况，车辆对危险情况做出报警提示。
A. 传感器　　　　　　　　　　　B. 高压互锁系统
C. 整车控制器　　　　　　　　　D. 低压互锁系统

二、判断题

1. 高压互锁信号回路包括两部分，一部分用于监测高压供电回路的完整性，一部分用于监测所有高压部件保护盖是否非法开启。(　　)

2. 高压互锁设计不能识别高压回路异常断开或破损，也不能自行断开高压电，所以可以省略。(　　)

3. 高压系统回路断开或者完整性受到破坏时，不需要启动安全防护。(　　)

4. 新能源汽车维修过程中可以带电插拔高压连接器。(　　)

5. 若高压回路内某一部位未连接到位，则互锁信号送入整车控制器内，整车控制器不使动力蓄电池对外供电。(　　)

高压系统的绝缘检测

情境重现

汽修厂小林接到一辆电动汽车发生绝缘故障，故障现象是启动车辆会听到"嘀嘀嘀"的报警声，READY 灯不亮；仪表盘上文字提示区域交替显示绝缘故障、动力蓄电池故障；系统警告故障灯、动力蓄电池切断故障指示灯、充电故障指示灯点亮；中控屏闪烁显示"中度故障，请立即停车，与车辆授权服务商联系"；换挡旋钮旋至 D 位，车辆无法行驶。对此小林无从下手，不知道该如何进行维修。

【想一想】作为汽车维修人员，如果是你遇到这种情况，你懂得如何进行故障排除吗？

知识导图

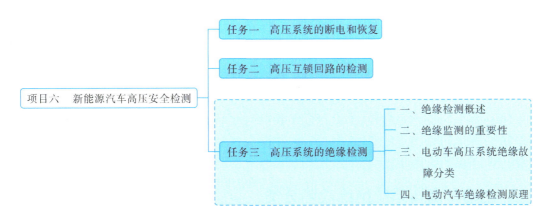

知识详解

一、绝缘检测概述

与传统燃油汽车相比,新能源汽车对电气绝缘检测方法有更高的要求。因此,应该采取有效的防护措施来提高新能源汽车的绝缘性能,这不仅是保证新能源汽车电气系统正常运行的关键,也是保证汽车安全运行的关键。

新能源汽车的电路要比传统汽车复杂,且由于汽车使用环境恶劣,因振动、冲击、气候冷热交替,以及动力蓄电池腐蚀性液体、气体等的影响,其强电部分(如动力蓄电池组、电机控制器、驱动电机及车载充电器等部件)与车体之间的绝缘容易出现损伤和破坏,会使其绝缘性能下降。为保证新能源汽车的安全运行,整车必须设计有绝缘监控系统。该系统位于动力蓄电池包内部,分别检测高压电路正极、负极的对地(车架)绝缘值。

对于新能源汽车高压系统来说,高压系统中所有零部件(如电机控制器、车载充电机、高压控制盒、驱动电机等)与动力蓄电池是并联关系。因此,如果高压系统中任何一个零部件发生绝缘故障,均可通过测量动力蓄电池正、负极对地绝缘电阻值检测。

二、绝缘监测的重要性

绝缘电阻监控系统是对动力电池和底盘之间的绝缘电阻进行定期(或永久)监视的系统。

在实际电动汽车中,高压部件是一种并联的结构,整个系统的绝缘电阻是所有高压部件绝缘电阻的并联值。依据《电动汽车 安全要素第3部分:人员触电防护》(GB/T 18384.3—2015)的要求,高压系统绝缘值应大于 100 Ω/V,而美国汽车工程师学会和联合国欧洲经济委员会规定绝缘值应大于 500Ω/V。这实际要求高压母线上的设备本身的绝缘电阻值要远大于上述要求值。

因此,对于电动汽车高压系统而言,其等效的绝缘电阻与整个系统的工作状态密切相关,这对整个高压系统的绝缘状态监测提出了很高的要求。

电动汽车发生绝缘故障之后会对操作者和设备带来不同程度的伤害,设备通常采用不同级别的保护措施,对于操作者来说即使在绝缘故障工况下,只要按照一定的规则操作就不会发生危险。

三、电动车高压系统绝缘故障分类

由于电动车高压系统发生绝缘故障导致人触电的原因主要分为两大类:高压部位直接对车身的绝缘失效,高压部位对设备外壳的绝缘失效。

1. 高压部位直接对车身的绝缘失效

以高压母线正极对车身绝缘失效为例进行分析，如果母线正极对车身的绝缘电阻值变小（可能由高压母线本身或者某一设备发生了正极对车身地绝缘故障而造成），则当人体接触到负极母线时，通过人体的电流值可能较大。如果绝缘电阻值减小到使通过人体的电流超过安全电流限值的时候，就会发生电击事故。

2. 高压部位对设备外壳的绝缘失效

假设某一高压电气设备正极出现外壳的破损或漏电故障，那么当人体一端接触到带电外壳，另一端与高压母线负极直接接触时，即使人体与车身是绝缘的，人体仍然相当于接触到高压母线正、负两极，因此仍然会有危险的漏电流流过人体，从而造成对人员的间接电击。

四、电动汽车绝缘检测原理

目前，绝缘检测工作原理主要包括电流传感法、对称电压测量法、桥式电阻法、低频信号注入法等。其中低频信号注入法应用最为广泛，其系统原理构架图如图6-3-1所示。使用低频信号注入法进行测试时，系统内部产生一个正负对称的方波信号，绝缘阻抗监测仪连接端子与直流高压系统和底盘之间的绝缘电阻 RF 构成测量回路，通过对采样电阻上分压的采集，计算出 RF 的值。

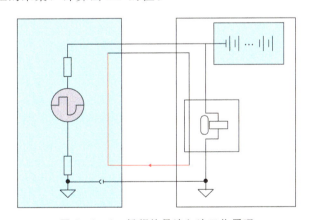

图6-3-1　低频信号注入法工作原理

在实际车辆运行时，通过低频信号注入法测试的绝缘阻抗包含直流及交流成分。其中交流成分与整车系统的分布电容、杂散电感等因素有关，同时不同零部件构成的系统等效的阻抗特性也会不同，随着测试工况、测试环境变化同样会产生变化。电动汽车系统中，电机在不同转速下对应的频率不同，因此系统的容抗、感抗会随着测试转速不同而变化。电机绕阻对电机壳体的分布电容也会随着转速及环境温度的变化等因素而变化。因此，系统本身的阻抗特性是会随着系统的运行而时刻发生改变，所测出的绝缘阻抗值有动态性。

课程启迪

维修学徒小陈在安装高压电线的时候，由于操作失误将导线的外皮磨损了，为了不被师傅责怪，未将导线损坏的事情告诉师傅。旁边的小张懂得这条导线是高压线，不做好处理可能会导致事故出现，直接就将此事报告给小陈的师傅，小陈被师傅说教了一顿，并对那根导线进行更换等处理。过后，小陈对小张一直怀恨在心，觉得小张对事多，害他被师傅责骂。

【想一想】小陈的做法是否有危险？

> 任务练习

一、选择题

1. 对于新能源汽车高压系统来说，高压系统中所有零部件（如电机控制器、车载充电机、高压控制盒、驱动电机等）与动力蓄电池是（   ）关系。

   A. 串联　　　　　　B. 并联　　　　　　C. 混联　　　　　　D. 相互独立

2. 由于电动车高压系统发生绝缘故障导致人触电的原因主要分为两大类：高压部位直接对（   ）的绝缘失效、高压部位对设备外壳的绝缘失效。

   A. 车载音响　　　　B. 电机　　　　　　C. 车身　　　　　　D. 蓄电池

3. 绝缘电阻监控系统是对动力电池和底盘之间的绝缘电阻进行（   ）监视的系统。

   A. 定期　　　　　　B. 偶尔　　　　　　C. 系统　　　　　　D. 不定期

4. 如果绝缘电阻值（   ）到使通过人体的电流超过安全电流限值的时候，就会发生电击事故。

   A. 增大　　　　　　B. 不变　　　　　　C. 先增大后减小　　D. 减小

5. 不属于绝缘检测工作原理的是（   ）。

   A. 低频信号注入法　B. 电压传感法　　　C. 对称电压测量法　D. 桥式电阻法

二、判断题

1. 对于新能源汽车高压系统来说，高压系统中所有零部件（如电机控制器、车载充电机、高压控制盒、驱动电机等）与动力蓄电池是串联关系。（   ）

2. 高压部件是一种并联的结构，整个系统的绝缘电阻是所有高压部件绝缘电阻的并联值。（   ）

3. 新能源汽车对电气绝缘的检测方法与传统燃油车一样。（   ）

4. 电动汽车发生绝缘故障之后不会对操作者和设备带来不同程度的伤害，因此绝缘故障检测环节可以省略。（   ）

5. 绝缘检测工作原理主要包括电流传感法、对称电压测量法、桥式电阻法、低频信号注入法等。（   ）

参考文献

[1] 韩炯刚，石光成. 新能源汽车高压安全与防护[M]. 北京：机械工业出版社，2018.

[2] 节能与新能源汽车技术路线图战略咨询委员会. 节能与新能源汽车技术路线图[M]. 北京：机械工业出版社，2016.

[3] 何泽刚. 新能源汽车认知与使用安全[M]. 北京：机械工业出版社，2018.

[4] 张立强，李练兵. 电动汽车充电技术[M]. 天津：天津大学出版社，2019.